AI와 노벨상

인공지능총서

인공지능 시대입니다. 기계가 인간의 인지를 대신하고, 사물이 인간을 통하지 않고 다른 사물과 직접 커뮤니케이션합니다. 이에 따른 인간 삶과 문명 변화를 정확히 이해·예측·대응하는 것은 이 시대 우리 모두의 과제입니다. 인공지능총서는 인공지능 기술과 환경의 여러 주제를 10가지 키워드로 정리합니다. 관련 개념과 이론, 학계와 산업계의 쟁점, 우리 일상의 변화를 다룹니다. 인간과 기술의 현재, 미래를 세심히 분석합니다.

일러두기

- 인명, 작품명, 저서명, 개념어 등은 한글과 함께 괄호 안에 해당 국가의 원어를 병기했습니다.
- 외래어 표기는 현행 어문규정의 외래어표기법을 따랐습니다. 다만, '아달라인' '리아푸노프' 등은 관행을 따랐습니다.

처음이세요?

전문가세요?

AI와 노벨상

오상훈

대한민국, 서울, 커뮤니케이션북스, 2025

AI와 노벨상

지은이 오상훈
펴낸이 박영률

초판 1쇄 펴낸날 2025년 9월 9일

커뮤니케이션북스(주)
출판 등록 2007년 8월 17일 제313-2007-000166호
02880 서울시 성북구 성북로 5-11
전화(02) 7474 001, 팩스(02) 736 5047
commbooks@commbooks.com
www.commbooks.com

ISBN 979-11-430-0837-4 03500

책값은 뒤표지에 표시되어 있습니다.

차례

과학 기술의 발전을 이끄는 AI, 노벨상 그 이후

국립국어원 표준국어대사전에서는 인공지능(AI, Artificial Intelligence)을 "인간의 지능이 가지는 학습, 추리, 적응 논증 따위의 기능을 갖춘 컴퓨터 시스템이다. 전문가 시스템, 자연 언어의 이해, 음성 번역, 로봇공학, 인공 시각, 문제 해결, 학습과 지식 획득, 인지과학 따위에 응용한다"로 정의하고 있다. 전문가의 시각으로 살펴보자면, 풀(David L. Poole)과 매크워스(Alan K. Mackworth)는 저서 《인공지능: 계산적 에이전트의 기초(Artificial Intelligence: Foundations of Computational Agents)》에서 "지능적으로 동작하는 컴퓨터 에이전트를 합성하고 분석하는 분야"로 정의하고 있다. 즉, AI란 판단, 추론, 학습 등 인간의 지적인 활동을 컴퓨터 혹은 기계를 통해 구현하고 분석하는 분야의 기술로 정의할 수 있다.

AI의 뿌리는 1940년대에서부터 찾을 수 있다. 인간의 두뇌는 수천억 개의 뉴런과 시냅스들로 구성되는데, 뉴런과 시냅스의 작용을 매컬러(Warren McCulloch)와 피츠(Walter Pitts)가 인공 뉴런 모델로 제시했으며, 로젠블랫(Frank Rosenblatt)은 퍼셉트론(Perceptron) 모델로 정보의 학습을 처리했다. 이 분야를 생물학적 신경 회로망을 모방한 인공 신경 회로망 혹은 간략히 신경 회로망이라고 지칭하며, 현재 인공지능의 핵심 기술에 위치하는 분야로 성장했다.

그러나 민스키(Marvin Minsky)와 페퍼트(Seymour Papert)가 퍼셉트론의 한계를 지적한 이후, 신경 회로망 분야의 연구는 오랜 기간 침체기를 겪게 되면서 위드로(Bernard Widrow), 코호넨(Teuvo Kalevi Kohonen), 그로스버그(Stephen Grossberg), 앤더슨(Chris Anderson) 등 소수 연구자 그룹이 이 분야의 연구를 꾸준히 수행했다.

1980년대에 이르러 연상 기억 작용을 모델링한 홉필드(Hopfield) 모델과 퍼셉트론을 다층으로 쌓아 올린 다층 퍼셉트론(MLP, Multi-Layer Perceptron)의 학습을 가능케 한 오류 역전파(EBP, Error Back-Propagation) 알고리즘이 제시되면서 신경 회로망의 부흥을 맞이하게 된다. 이후 회귀 신경 회로망(RNN, Recurrent Neural Network), RBF(Radial Basis Function, 방사형 구조) 신경 회로망 등으로 다양한 모델들이 개발되었다.

2000년대에는 자연 영상에서 독립 성분 분석(ICA, Independent Component Analysis) 학습에 의해 시각 피질의 V1 영역 세포가 지닌 특성을 찾아내 비교사 학습(Unsupervised Learning)에 의한 신호 처리 연구도 활발해졌으며, NMF(Nonnegative Matrix Factorization, 비음수 행렬 분해) 및 FA(Factor Analysis, 요인 분석)와 함께 잡음 제거, 암묵 신호 분리(BSS, Blind Signal Separation), 생체 신호 처리, 데이터 압축 및 특징 추출 등의 연구가 활발해졌다.

특히, 그동안 어려움을 겪어 왔던 심층 신경 회로망(Deep Neural Network)의 학습 방법이 2000년대에 힌턴(Geoffrey Everest Hinton)이 제시한 제한된 볼츠만 머신(RBM, Restricted Boltzmann Machine) 알고리즘에 의해 가능하게 됨으로써, 신경 회로망의 실질적 문제 해결 능력이 크게 향상되었다.

2000년대부터 산업적 연구도 활발히 진행되기 시작했다. 2005년 DARPA(미 국방고등연구계획국) 그랜드 챌린지(Grand Challenge) 무인 자동차 경주대회, 2007년 DARPA 어반 챌린지(Urban Challenge), 2010년 구글 카(Google Car) 발표, 2010년 로보틱스 챌린지(Robotics Challenge) 등에서 머신 러닝(Machine

Learning)의 우수한 성능 보고가 이어지면서 로보틱스 분야에서 머신 러닝의 산업화를 촉발했다. 또한 2011년 애플 시리(Siri) 발표와 IBM 왓슨(Watson) 퀴즈 머신은 인공지능의 산업화에 대한 관심을 불러일으켰다.

심층 신경망 기술이 2011년 음성 인식 분야에서 뛰어난 성능을 보였으며, 2012년 이미지넷(ImageNet) 데이터 기반 물체 인식 대회에서 압도적 성능으로 우승했다. 2014년 딥페이스(DeepFace) 기술은 인간 수준의 얼굴 인식 성능을 보고했다. 특히, 2016년 구글 딥마인드(Google DeepMind)가 개발한 알파고(AlphaGo)는 이세돌과의 세기적 바둑 대결에서 단 1패만을 허용하며 승리를 거두어 일반인들에게 심층 신경망의 능력을 체감토록 했다. 또한 인공지능 스피커가 여러 제조사에서 개발 판매되어 실생활 곁에서 머신 러닝에 기반한 인공지능 기술을 체감하게 해 주었다. 2020년에 발표된 오픈AI(OpenAI)의 GPT-3는 사람이 만든 문장과 구별될 수 없을 수준의 문장을 딥 러닝(Deep Learning)으로 만들어 낼 수 있음을 보여 주었으며, 2022년에 발표된 달리2(DALL-E 2)는 자연어로 표현된 내용을 그림으로 그려준다. 이제는 신경 회로망과 통계적 기법이 접목된 머신 러닝이 인공지능의 핵심 알고리즘으로 자리 잡게 되었으며, 그 응용 영역이 자연어 처리, 감정 인식, 로봇 등 인간에 더 친화적인 영역까지 확대되었다.

2010년대까지 머신 러닝 분야의 급격한 성장은 NIPS(Neural Information Processing Systems, 신경정보 처리시스템) 학술 대회 참가 인원에서 극명하게 드러난다. NIPS 학술 대회는 머신 러닝 분야의 대표적인 국제 학술 대회로 논문 채택률이 20%대이며, 학술 대회 기간에 튜토리얼과 워크숍이 같이 진행된다. 2015년에 통계로 집계된 14년간의 자료를 보면, 14년 전에 학술 대회 참가자는 700명 수준이었지만 2015년에는 3200명 수준으로 크게 증가했으며, 특히 튜토리얼 참가자는 2014년에 비해 두 배로 증가해 학계와 산업계의 관심이 폭증함을 여실히 보여 준다. 최근 NIPS 참여 희망자의 인원이 폭증해 참여 인원을 제한하고 있다.

이러한 AI 발전 역사의 주요 사건들을 크게 잠재기(1940~1980), 태동기(1980~1995), 성장기(1995~2010), 도약기(2010~)로 나눌 수 있다.

AI의 비약적 발전은 학문적 영역을 넘어 과학 기술 분야의 혁명적 변화를 이끌어 왔으며, 이제는 인문·사회 영역뿐만 아니라 예술 영역에도 막대한 영향을 끼치고 있다. 대표적인 AI 응용 사례들을 살펴보면, 인공 비서,

가상 인간, 의료 인공지능, 교육 분야의 인공지능 활용, 자율주행, 스마트 홈, 스마트 그리드, 스마트 공장, 스마트 농장, 법률 분야 인공지능 활용, 예술 분야 인공지능 활용, 휴머노이드 로봇 등이다.

특히, 2022년 말 오픈AI의 챗GPT(ChatGPT) 발표로 그동안 AI를 접하지 않았던 일반인들조차도 AI에 대한 관심을 끌어 보이면서 챗GPT의 사용 빈도를 급격하게 늘렸으며, 달리 2와 소라(Sora)는 일반인들의 AI 사용 영역을 이미지 및 영상 생성 영역으로 확대했다. 이제 AI는 멀티모달(multi-modal) 형태로 사람 생활의 전 영역에서 작용하면서 인류의 생활을 이롭게 하고 있다.

과학적 측면에서 보면 이제까지의 AI 모델과 기법은 새로운 법칙이나 원리를 발견하는 것이 아니라 과학적 문제 해결을 위한 도구로서의 유용성을 보여 준 것이다. 따라서 AI에 의한 과학 연구 결과들은 한계성을 지닌다.

그 한계성을 살펴보면, 우선 데이터 의존성을 언급할 수 있다. 심층 신경 회로망은 데이터를 통한 학습에 의해 과학적 문제를 해결하기 때문에, 전통적인 연구자들이 쌓아 둔 데이터에 크게 의존한다. 과학적 연구를 통해 여러 가지 방면으로 축적된 데이터의 학습으로 과학적 문제를 해결하기에, 데이터가 없으면 문제를 해결할 수 없다. 또한 데이터는 자연계의 모든 정보를 가지고 있지 않기 때문에 어떤 방향으로든 제한적인 데이터로 존재하게 되고, 더군다나 데이터가 편향적으로 축적되어 있으면 AI는 편향성을 지니게 되어 정확한 해결책을 제시할 수 없게 된다. AI의 데이터 의존성은 결국 창의성과도 직결된다. 축적된 데이터에 존재하지 않지만 창의적으로 문제를 해결하는 방법은 제시되지 못한다.

심층 신경 회로망은 일종의 블랙박스이며, 데이터를 기반으로 원하는 출력을 내어 놓지만 어떤 원리로 원하는 출력이 나타나게 되는지에 대한 해석을 제공하지는 않는다. 즉, AI에 의한 연구 결과들은 해석이 불가능한 경우가 많다. 그리고 AI는 인간의 가치 판단이나 윤리적 판단 기준에서는 곤란한 답을 제시할 수도 있기에 AI가 제시하는 해결책들에 윤리적 문제 역시 존재한다.

과학 분야 노벨상은 인류의 복리 증진과 과학에 가장 커다란 업적을 남긴 최근의 발견, 발명 혹은 개선을 해낸 사람들에게 주어지며, 노벨상 수상자 선정은 노벨상 위원회가 전담한다. AI의 파급력이 과학 기술을 넘어 인문 · 사회 · 예술 영역까지 막대하게 미치는 상황에서, 이러한 변화를 지켜보던 노벨상 위원회가 마침내 2024년에 노벨 물리학상과 노벨 화학상 수상자로 AI 분야 연구자를 선정했다.

이 책에서는 AI의 연구자가 어떠한 업적으로 노벨상을 수상하게 되었는지에 대한 논의를 우선 진행한다. 이를 위해 노벨상에 대한 설명을 시작으로 AI의 발전, AI 모델 연구와 노벨 물리학상 수상, 단백질 구조 예측 문제 해결과 노벨 화학상 수상을 살펴본다.

또 대규모 언어 모델(LLM, Large Language Model)의 성능이 획기적으로 발전하면서 전통적인 과학 연구의 방법론을 변화시키고 있다. 이 책에서는 전통적인 과학 연구 방법인 가설 수립, 실험 계획 및 실행 데이터 분석, 연구 결과 문서화 및 전문가 심사가 LLM에 의해 어떻게 변화되고 있는지를 간략히 알아보고, 그 대표적 사례인 구글의 공동 과학자(Co-Scientst)를 살펴보면서 앞으로 과학 연구가 어떻게 변해 갈지 살펴본다. 이 책에서 다루는 주요 내용은 다음과 같다.

노벨상과 노벨상 위원회

노벨상 수상 분야의 설명과 더불어 알프레드 노벨(Alfred Nobel)의 유언으로 노벨상이 만들어진 역사적 이야기를 시작으로, 수상자 선정 방식을 설명하고, 초기 노벨상 위원회의 영향력이 수상자 선정에 미쳤던 내용을 설명한다. 2024년에 AI 분야 연구자가 노벨 물리학상과 화학상을 동시에 수상하게 된 것도 이런 노벨상 위원회의 절대적 영향력이 작용한 결과다.

AI 연구의 시작

AI가 이루고자 하는 바를 설명하고, 이를 위한 흐름을 기호적 인공지능(Symbolic AI)과 계산적 인공지능(Computational Intelligence)으로 나누어 기본 원리와 한계적 측면에서 알아본다. 반도체 기술의 발달로 컴퓨터의 정보 처리 능력과 기억 장치의 저장 용량이 비약적으로 늘어나고, 정보 통신의 혁명으로 인터넷을 통한 정보 유통이 손쉽게 이뤄짐으로, 막대한 정보를 지닌 데이터가 축적되었다. 이로부터 유용한 정보를 찾아내기 위한 방법의 필요성이 대두되었고, 결국 이에 적합한 방법으로 신경 회로망과 통계학적 기법을 통합한 머신 러닝이 등장해, AI의 핵심으로 자리를 잡게 된 과정을 설명한다. 또한 역사적으로 의미가 있었던 AI 초기 모델들도 살펴본다.

AI 모델 연구와 노벨 물리학상

1950년대에 닥친 신경 회로망 연구의 겨울을 1980년대에 이르러 녹여 내었던 홉필드 모델과 이의 영역을 확대해 향후 딥 러닝의 토대를 닦은 볼츠만 머신에 대해 알아본다. 또한 신경 회로망 연구의 붐을 일으켰던 다층 퍼셉트론 모델과 그 학습 알고리즘인 오류 역전파 알고리즘을 설명한다. 2010년대 신경 회로망의 성능을 획기적으로 향상한 딥 러닝에 대해 논의하고, 딥 러닝 이후 챗GPT의 등장과 산업적 응용으로 확대되어 가는 AI의 영향력을 설명한다. 과학 기술뿐만 아니라 인문 · 사회 · 예술 영역 전반의 변혁을 이끌어 낸 AI 기술의 발전도 알아본다. 이러한 변혁을 이끌어 낸 AI 기술의 원천을 발명해 2024 노벨 물리학상을 수여받은 AI 연구자인 홉필드(John Hopfield)와 힌턴의 업적을 설명한다.

단백질 구조 예측과 노벨 화학상

단백질은 생명체 내에서 다양한 기능을 수행하는 분자로, 모든 생리적 과정을 지배하는 핵심 요소이고, 그 구조와 기능은 생명 유지에 필수적이다. 단백질의 기능은 아미노산 배열에 의해 결정되는 3차원 구조에 의해 정해진다. 따라서 단백질의 아미노산 서열만을 바탕으로 그 3차원 구조를 예측하는 단백질 구조 예측 문제가 무엇이고, 왜 중요한지 알아본다. 그리고 단백질 구조 예측 문제를 해결해 2024 노벨 화학상을 수상하게 된 허사비스(Demis Hassabis)와 점퍼(John Jumper)의 업적인 알파폴드 2(AlphaFold 2)에 대해 알아본다.

구글 공동 과학자

AI의 발전이 일반적인 과학 연구의 방법론을 변혁시키고 있다. 그 대표적 사례인 구글 공동 과학자(Google Co-Scientist)의 개요를 설명한다. 연구자가 설정한 연구 목표에 맞는 가설 수립과 연구 계획을 제안해 주는 특화 에이전트들인 생성 에이전트, 반영 에이전트, 순위 에이전트, 근접도 에이전트, 진화 에이전트, 메타 리뷰 에이전트들을 설명한다. 마지막으로 구글 공동 과학자가 실제 연구 사례에서 성능을 입증했음에도 여전히 지니고 있는 한계점과 더 발전하기 위한 향후 과제에 대해 알아본다.

참고문헌

오상훈(2025). 노벨상과 인공지능. 《지식과 교양》, 17, 1061~1081쪽, https://www.kci.go.kr/kciportal/ci/sereArticleSearch/ciSereArtiView.kci?sereArticleSearchBean.artiId=ART003193131

오상훈(2025). 《인공지능: 수학적 이해에서 알고리즘까지》.

홍릉과학출판사.
임경순·정원(2014). 《과학사의 이해》. 다산출판사.
Gottweis, J. et al.(2025.2.28). Towards an AI co-scientist. *ArXiv*, https://arxiv.org/abs/2502.18864
Luo, Z. et al.(2025.1.8). LLM4SR: A survey on large language models for scientific research. *ArXiv*, https://arxiv.org/abs/2501.04306

01
노벨상과 노벨상 위원회

노벨상 수상 분야의 설명과 더불어 알프레드 노벨의 유언으로 노벨상이 만들어진 역사적 이야기를 시작으로, 과학 분야 노벨상의 수상자 선정 방식을 설명한다. 특히, 과학 분야 노벨상 중 노벨 물리학상과 화학상의 수상자 선정에서 초기 노벨상 위원회의 영향력이 어떻게 작용했는지를 알아본다. 2024년에 AI 분야 연구자가 동시에 노벨 물리학상과 화학상을 수상하게 된 것도 이런 노벨상 위원회의 절대적 영향력이 작용한 결과다.

AI와 1인 창업?

노벨상은 알프레드 노벨의 유언에 의해 제정된 상이다. 과학 분야에 속하는 물리학상, 화학상, 생리의학상은 인류의 복리 증진과 과학에 가장 커다란 업적을 남긴 "발견", "발명", "개선"을 한 사람에게 주어진다. 아울러 문학 분야의 탁월한 공로를 해낸 사람에게 수여되는 노벨 문학상과 인류의 평화에 이바지한 사람에게 수여되는 노벨 평화상이 있다. 노벨 경제학상은 스웨덴 중앙은행 설립 300주년을 기념해 제정된 상으로서, 노벨이 유언으로 정한 시상 분야가 아니다. 이 상의 정식 명칭은 '알프레드 노벨 기념 스웨덴 중앙은행 경제학상'이며, 노벨 재단에서 수여하는 상이 아니어서 다른 5개 부문 노벨상과 명칭에서 차이가 있다.

노벨상의 유래

알프레드 노벨의 아버지는 기술자이자 발명가로서, 사용하기 위험하고 관리가 어려운 '니트로글리세린(Nitroglycerin)'을 이용해 폭약을 제조하는 공장을 운영했다. 그런데 폭약 제조 공장이 폭발해 노벨의 동생과 직원 및 행인이 사망하게 되었다. 이를 지켜본 알프레드 노벨은 니트로글리세린이 강력한 폭발력을 가지고 있지만, 취급하기 매우 위험하다는 것을 인식하고 안전한 폭약을 개발하기 위해 실험을 반복했다. 결국 노벨은 니트로글리세린을 흙과 섞어서 폭발력을 유지하면서도 안전성을 크게 향상한 다이너마이트를 발명하는 데 성공했다. 노벨은 1867년에 이 새로운 화합물에 대해 특허를 받았고, 광산과 건설 현장에서 다이너마이트가 널리 사용되면서 크게 성공했다. 다이너마이트 발명으로 인해 터널을 굴착하거나 암석을 파괴하는 큰 공사가 가능해져 19세기 말부터 20세기 초까지 산업적으로 큰 발전이 이뤄졌다. 그렇지만 다이너마이트가 전쟁에서 무기로 사용되어 많은 사람들이 다치거나 죽는 안타까운 일이 벌어졌다. 노벨은 자신이 발명한 다이너마이트가 전쟁에서 살상 무기로 사용되는 것에 대한 심한 회의를 느꼈으며, 노벨상을 제정하는 유언을 남기는 계기가 되었다.

일설에는 1888년 그의 형 루드비히 노벨이 사망했을 때 프랑스의 한 신문이 실수로 '죽음의 상인 죽다'라는 제목으로 알프레드 노벨의 부고 기사를 실었는데, 이에 충격을 받은 노벨이 자신의 사후 이미지를 좋게 하기 위해 노벨상을 만들었다는 주장이 있다. 그렇지만 해당 오보의 원본 기사가 발견되지 않았으며, 현재까지 역사학자들은 이 이야기의 진위를 검증하지 못했기에 잘못 알려진 풍문일 가능성이 높다.

노벨은 재산의 94%를 기부해 노벨상을 제정하는 유언을 남기는데, 19세기 말 약 440만 달러의 가치는 엄청난 것이었다. 당연히 유산을 기대하던 친척들은 강하게 반발했으며, 국적에 상관없이 상을 주라는 노벨의 유언 때문에 스웨덴 내 여론과 스웨덴 국왕 오스카르 2세(Oscar II)까지도 노벨을 비난했으나, 유언 집행인 랑나르 솔만(Ragnar Sohlman)에 의해 노벨의 재산은 안전한 유가증권으로 남게 되고, 노벨상과 관련된 활동들이 유지되고 있다. 노벨 재단은 노벨상의 운용 자금을 관리하는 책임과 권한을 가지고 있지만, 수상자의 선정에는 전혀 개입할 수 없다.

노벨상 수상자는 추천 당시뿐만 아니라 상을 수상받는 순간에도 생존하고 있어야 한다. 그런데 최근 노벨상 수상 발표 직전에 사망했지만 수상자로 선정된 사례가 2011년 노벨 생리의학상에서 있었다.

과학 분야 노벨상

과학 분야인 물리학, 화학, 천문학, 지구과학, 생물학 중에서 상의 이름에 언급된 물리학과 화학을 제외한 나머지 분야와 노벨상의 관계를 살펴보자. 천문학은 물리학과 밀접한 관련이 있으며, 천체물리학의 위대한 업적을 남긴 사람이 물리학상을 수상한 사례가 2019년을 비롯해 수차례 있다. 지질학, 기상학, 해양학으로 이뤄진 지구과학은 노벨상의 시상 분야에서 빠져 있으나, 지질학의 세부 분야인 지구물리학과 지구화학, 기상학의 세부 분야인 대기역학과 대기화학, 그리고 해양학의 세부 분야인 해양물리학의 업적으로 물리학상이나 화학상을 수상할 수 있다. 2021년 노벨 물리학상 수상자 중 2명은 기상학자인데, 이들의 연구 업적은 대기역학 분야였다. 그리고 생리학이 사실상 생물학의 다양한 분야를 망라하기에 생물학은 생리의학상에 포함된다.

노벨 물리학상과 화학상은 스웨덴 왕립과학아카데미(KVA, Kungliga Vetenskapsakademien)에서 선정한다. 스웨덴 왕립과학아카데미는 약 350명의 회원을 가지고 있으며, 노벨상 선정을 담당할 노벨상 위원회 위원을 총간사의 주재로 선임한다. 노벨상 의원회는 5명으로 구성되며, 3년의 임기를 70세 미만의 경우 3번까지 연임이 가능하다. 생리의학상은 카롤린스카 의과대학의 50명으로 구성된 노벨회의에서 선정한다. 여기서도 3년 임기의 65세 정년 5명으로 구성된 노벨상 위원회를 선임해 수상자 선정의 실무를 담당하게 한다.

노벨상 수상자는 10월 초에 열리는 수상자 선정 최종

투표에서 다수결로 결정된다. 노벨 물리학상과 화학상의 선정 투표는 스웨덴 왕립과학아카데미 회원 전원이 투표권을 가진다. 아카데미 회원 중 외국인 회원은 투표권과 발언권이 전혀 없는 명예직이다. 노벨 생리의학상은 카롤린스카 의과대학 노벨회의 50명이 최종 투표권을 행사한다.

노벨상 위원회

2010년 노벨 물리학상은 꿈의 물질로 알려진 그래핀(Graphene)을 발견한 공로로 영국 맨체스터 대학의 안드레 가임(Andre Geim) 교수와 콘스탄틴 노보셀로프(Konstantin Novoselov) 박사가 수상했다. 하지만 그래핀 분야에서 노벨상을 준다면 반드시 포함될 것이라고 예상되었던 김필립 교수가 수상 명단에서 빠졌고 국내 과학계의 반발이 있었다. 당시 국제 학술지 《네이처》 역시 김필립 교수의 노벨 물리학상 탈락의 문제를 제기했다(2010.11.24). 가임 교수와 노보셀로프 박사가 2005년 《네이처》에 발표한 논문 내용에 그래핀의 발견이 있었는데, 이 논문 발표 일주일 후 김필립 교수가 그래핀의 특성을 확인한 논문을 발표했으니 김필립 교수가 당연히 노벨 물리학상을 받았어야 한다는 주장이다. 이와 같이 노벨상 선정은 반드시 받을 만한 사람이 받지 못했거나, 최고 업적이 아닌 내용으로 수상된 경우 등 많은 논란이 있다.

스웨덴 과학계의 중심인물로 구성되어 노벨상 선정에 절대적인 영향력을 행사하는 노벨상 위원회에 대해 살펴보자. 노벨상 선정의 실무를 담당하는 노벨상 위원회는 노벨상 부문마다 달리 구성된다. 스웨덴 왕립과학아카데미(물리학, 화학), 카롤린스카 연구소(생리의학상) 및 스웨덴 아카데미(문학상). 이들 노벨상 위원회는 수상자만 추천하고, 최종 결정은 각각 스웨덴 왕립과학아카데미 총회, 스웨덴 아카데미 총회, 카롤린스카 의과대학 노벨 회의에서 결정한다. 노벨 평화상을 주관하는 노르웨이 노벨상 위원회는 노벨 평화상을 위한 실무 기관이자 결정 기관으로서의 지위를 갖는다.

노벨상 위원회의 기록은 규정에 의해 50년 후 학술적인 목적으로 공개되며, 이 기록을 근거로 노벨상 초기의 노벨상 운영 방식이 연구로 밝혀지고 있다. 초기 노벨 화학상 수상자 중 물리화학 분야 수상자가 많았던 것은 노벨상 위원회 위원이었던 아레니우스(Svante Arrhenius, 1859～1927)의 영향력 때문이다. 1880년대 '이온주의자'인 과학자들은 열역학과 같은 물리학적 방법을 화학에 적용해 물리화학 분야를 정립하려고 했다. 아레니우스는 이러한 의도를 노벨 화학상 선정에 반영해 '이온주의' 3인방 판트호프(Jacobus Henricus van 't Hoff Jr., 1852~1911), 아레니우스, 오스트발트(Wilhelm Friedrich Ostwald, 1853~1932) 모두 노벨상을 받았으며, 그의 영향력은 오스트발트의 제자 네른스트(Walther Hermann Nernst, 1864~1941)가 1921년에 열화학에 대한 공로로 노벨 화학상을 받을 때까지 지속되었다.

초기 노벨 물리학상 위원회의 5인 중에는 스웨덴 웁살라 대학의 실험물리학적 전통을 강하게 대변하는 하셀베리(Klas Bernhard Hasselberg), 탈렌(Robert Thalén), 옹스트룀(Anders Jonas Ångström)이 있었다. 이들의 영향력으로 제1차 세계대전 이후까지 실험물리학 공헌자들이 노벨 물리학상 수상자로 선정되었다. 한편, 에너지 양자 개념을 발표한 이론 물리학자 막스 플랑크(Max Planck)가 수많은 사람들의 추천에도 불구하고 노벨 물리학상을 늦게 받았던 이유도 당시 실험물리학을 중시하던 노벨상 위원회의 의견 때문이다. 알베르트 아인슈타인에 대한 노벨 물리학상 수상 과정 역시 새로운 과학 이론에 보수적인 스웨덴 과학계의 태도를 보여 준다. 아인슈타인은 1910년 특수 상대성 이론으로 오스트발트에 의해 노벨상 후보로 처음 지명된 이후, 브라운 운동, 고체 비열, 양자론 등 여러 분야에 걸쳐 노벨상 후보로 추천되는 빈도가 늘어 갔다. 그러나 보수적인 실험물리학자들로 구성된 노벨 물리학상 위원회는 1922년에야 아인슈타인에게 노벨 물리학상을 수여하면서 수상 근거로 상대성 이론이 아니라 '이론물리학 특히 광전 효과에 대한 기여'로 발표했다. 이는 이론물리학이 취약했던 스웨덴 과학계의 상황을 반영한 것으로 보인다.

2024년 10월 노벨 물리학상과 화학상은 AI 분야 연구자에게 수여되었다. 이는 노벨상 위원회의 입장이 'AI가 과학 기술계를 넘어 인문 · 사회 · 예술의 영역에까지 인류 문화의 모든 영역에서 막대한 영향을 끼치고 있다'는 것을 인정함을 의미한다고 볼 수 있다.

참고문헌

나무위키. 항목 '노벨상', https://namu.wiki/w/노벨상

아엠퀸카(2023.8.29). 노벨은 누구인가, https://pink-lover.tistory.com/entry/노벨은-누구인가

위키백과. 항목 '노벨상', https://ko.wikipedia.org/wiki/노벨상

임경순·정원(2014). 《과학사의 이해》. 다산출판사.

조호진(2010.11.29). 김필립 교수 쏙 빼고… 노벨상 탈락 놓고 '와글'.

《조선일보》,
https://www.chosun.com/site/data/html_dir/2010/11/29/2010112901335.html

02
AI 연구의 시작

AI가 이루고자 하는 바를 설명하고, 이를 위한 흐름을 기호적 인공지능과 계산적 인공지능으로 나누어 기본 원리와 한계적 측면에서 알아본다. IT 기술의 발달로 쌓이게 된 막대한 정보로부터 유용한 정보를 찾아내기 위한 방법의 필요성이 대두되고, 결국 이에 적합한 방법인 머신 러닝이 AI의 핵심으로 자리를 잡게 된 과정을 설명한다. 역사적으로 의미가 있었던 AI 초기 모델들도 살펴본다.

AI와 MBTI?

인간이 지능적으로 정보를 처리하는 방식을 모방해 기계가 지능을 지니도록 하는 일은 아주 오랫동안 과학계에서 고민하고 시도해 왔던 정말 큰 도전 과제다. 이를 기호적 인공지능(Symbolic AI)과 계산적 인공지능(Computational Intelligence)으로 크게 나누어 기본 원리와 한계적 측면에서 알아본다.

기호적 인공지능

기호적 인공지능은 인간의 논리적 사고 방식을 모방해, 문제를 분석하고 해결하기 위한 지식과 규칙을 생성하고, 이를 기반으로 한 컴퓨터 프로그램으로 문제를 해결하는 인공지능의 한 분야다. 이 접근법은 기호(Symbol)로 표현된 개념과 관계를 다루며, 논리적 규칙을 사용해 추론을 수행한다. 그 특징을 살펴보면 우선 사람이 만든 규칙과 논리를 활용해 결론을 도출하는 규칙 기반 접근을 들 수 있다. 그다음으로 개념과 관계를 구조화해 표현하는 온톨로지(Ontology), 지식 그래프 등을 이용하는 명시적 지식 표현을 사용한다. 그리고 논리적 추론으로 문제를 해결하기에 작동 결과의 명확한 이유를 설명할 수 있다. 1950년대 중반부터 1990년대 중반까지 기호적 인공지능이 유행했으며, 대표적으로 전문가 시스템이

여기에 속한다.

그렇지만 실제 상황에서 닥치게 되는 방대한 지식을 기반으로 완벽한 규칙을 생성하는 것은 거의 불가능하므로, 사람에 의해 생성된 지식과 규칙은 실제 상황에서 확장성을 지니기 어렵다. 또 사람이 분석해 낸 규칙에 위반하는 사례가 발생하면 대처를 하지 못하는 문제가 발생한다. 이러한 이유로 사람이 분석한 지식과 규칙에 기반한 기호적 인공지능은 쇠퇴하고 있다.

계산적 인공지능

기호적 인공지능과 대별되는 계산적 인공지능이 발전해 왔다. 계산적 인공지능은 용어 자체가 나타내듯이 데이터를 기반으로 학습 및 예측을 수행하는 계산적 기법을 활용해 정보를 처리하는 방식으로 인공지능을 실현한다. 그 특징을 살펴보면 먼저 대량의 데이터로부터 패턴을 찾아 예측 및 결정을 내리는 데이터 기반 학습을 들 수 있다. 그다음으로, 학습 알고리즘에 의해 지속적으로 성능을 개선하는 학습 기능을 지녔다는 점이다. 또한 데이터 기반으로 학습이 이뤄졌기에 데이터 공간에서 학습되지 않은 데이터에 대해서도 적절한 대응을 할 수 있으며, 복잡한 문제도 대량의 데이터가 주어지면 알고리즘에 따른 학습으로 해결이 가능하다. 물론 데이터 학습 알고리즘은 일종의 블랙박스로, 특정 입력에 대한 출력의 해석이 불가능한 경우가 많다.

머신 러닝의 등장 배경

해결하고자 하는 문제에 대한 지식을 구축하고 이를 해결하는 규칙을 컴퓨터 프로그램으로 구현하는 기호적 인공지능은 큰 기억 장치와 고속 컴퓨터 없이도 동작이 가능하다. 이러한 이유로 기호적 인공지능은 컴퓨터의 정보 처리 성능과 대량의 기억 장치가 개발되기 전 단계인 1950년대부터 1990년대까지 활성화되었다.

이 시기 계산적 인공지능의 한 형태인 인공 신경 회로망은 대량의 데이터를 고속으로 처리할 수 없었기에 '단순한 문제(toy problem)'를 대상으로 학습 알고리즘을 개발하고 성능을 확인하는 수준에 머물러 있었다. 그런 상태에서 2000년대 이후 데이터를 기반으로 한 인공 신경 회로망과 통계적 기법이 결합해 머신 러닝이 기호적 인공지능을 밀어내고 AI의 핵심으로 자리 잡게 된 것은 IT(Information Technology)의 급속한 발전이 있었기 때문이다.

머신 러닝은 예제(examples), 즉 학습 데이터로부터 학습 알고리즘에 따라 학습하며, 학습되지 않은 데이터(시험 데이터)가 입력되면 학습한 내용을 기반으로 적절한 출력을 내어놓게 된다. 이 방식에서는 학습 데이터와 시험 데이터가 중요하다. 즉, 데이터의 양과 질이 학습 성능을 좌우한다. 데이터는 4차 산업혁명 시대의 자원 혹은 원유라고 불릴 정도로 중요성이 강조되고 있다. 또한 많은 데이터를 학습 알고리즘에 따라 고속으로 처리하기 위한 컴퓨터의 성능도 아주 중요하다.

머신 러닝 분야가 급속하게 발전하게 된 배경으로 먼저 반도체 기술이 꼽힌다. 트랜지스터 발명 이후 반도체 기술의 발전은 집적 회로(IC, Integrated Circuits)의 집적도를 크게 높였으며, "2년마다 하나의 집적 회로에 들어가는 트랜지스터의 수는 두 배로 증가한다"는 무어의 법칙(Moore's Law)에 의해 설명되듯이 CPU(Central Processing Unit)의 성능과 메모리의 저장 용량 및 처리 속도를 크게 향상해 왔다. 이로 인해 대량의 정보를 고속으로 처리하고 저장하는 방식이 가능하게 되었다. 또 초고속 인터넷의 발전은 정보 수집 방식에 혁명을 일으키고 있다. 정보 통신 기기들이 인터넷을 통해 연결됨으로써 정보의 수집이 간편해졌으며, 그에 따라 생성되고 저장되는 정보의 양도 1인당 45GB로 추산할 경우 70억 명의 인구 기준으로 315엑사바이트(Exabyte)라는 막대한 양이 저장된다. 예를 들면, 이 세상에는 1조의 웹페이지가 있으며, 유튜브에는 초당 1시간 분량의 동영상이 올라오고, 월마트는 매 시간 백만 개의 결제를 처리한다. 이러한 빅데이터로부터 정보를 자동으로 추출하고 처리하는 방식을 제공하는 것이 머신 러닝이다. 머신 러닝은 데이터의 패턴 혹은 규칙성을 자동으로 찾아내며, 이를 기반으로 예측을 실행하고, 불확실성 가운데에서 의사결정을 수행한다.

AI의 역사적 배경

머신 러닝이 AI의 핵심으로 자리 잡았기에 기호적 인공지능의 역사적 배경은 배제하고 머신 러닝의 역사를 살펴보겠다. 사람의 두뇌를 모방해 정보를 처리하는 시도로 1943년 매컬러와 피츠가 뉴런 모델을 제시했다(McCulloch-Pitts Model). 이 모델에서 뉴런은 0과 1로 이뤄진 이진수로 표현된 여러 개의 입력을 받아 시냅스를 의미하는 가중치들과 곱해진 후 더해지는 연산을 수행한다. 그리고 이 가중치 합이 임계치를 넘으면 뉴런은 1을 출력하고, 그러지 않으면 0을 출력하는 뉴런 활성화 함수를 지녔다. 이 모델은 신경망의 기초적인 수학 모델로, 인간의 뉴런 작동 원리를 단순하게 표현해 현대 인공지능과 신경망 연구의 중요한 출발점이 되었다.

1949년 신경심리학자 도널드 헤브(Donald Olding Hebb)는 신경망 학습 이론인 헤브의 법칙(Hebb's Rule)을 제안해 "함께 발화하는 뉴런은 서로 연결이 강화된다"는 원칙에 기반해 신경 세포 간의 연결 강도가 경험을 통해 변화할 수 있다는 중요한 개념을 설명했다. 이는 뉴런 간의 가중치 조정 개념을 제시하며, 오늘날 딥 러닝, 강화 학습(Reinforcement Learning) 및 비교사 학습 알고리즘에 영향을 미쳤다.

1958년 프랭크 로젠블랫(Frank Rosenblatt)은 인공신경 회로망의 기본 모델인 퍼셉트론을 제시했다. 퍼셉트론은 여러 개의 입력과 가중치 사이에 가중치 합이 계산된 후 임계치(문턱, Threshold) 함수에 의해 출력 뉴런의 값이 결정되면, 출력 뉴런의 값이 목표 값과 같아지도록 가중치를 학습하는 방식을 제시해, 신경 회로망과 패턴 인식의 기초를 마련했다.

1969년 마빈 민스키(Marvin Minsky)와 시모어 페퍼트(Seymour Papert)의 《퍼셉트론: 계산 기하학 입문(Perceptrons: An Introduction to Computational Geometry)》이 출간되었다. 이 책에서 저자들은 퍼셉트

론 모델의 수학적 특성과 한계를 분석했다. 즉, 퍼셉트론은 논리곱(AND)과 논리합(OR) 같은 선형 분리 문제는 해결할 수 있지만, 배타적 논리합(XOR) 같은 비선형 분리 문제는 해결할 수 없음을 수학적으로 증명했다. 그 결과, 신경 회로망 방식으로 비선형 분리 문제를 해결할 수 없다는 실망감에 인공지능 분야 연구의 중심은 전문가 시스템을 비롯한 기호적 인공지능으로 급격히 이동하게 되었으며, 1980년대에 홉필드 모델과 오류 역전파 알고리즘(EBP, Error Back- Propagation Algorithm)이 개발될 때까지 신경 회로망 연구가 정체되는 "AI 겨울(AI Winter)"이 초래되었다.

참고문헌

오상훈(2025). 《인공지능: 수학적 이해에서 알고리즘까지》. 홍릉과학출판사.

Minsky, M. & Papert, S. A.(1969; 증보판 1988). *Perceptrons: An introduction to computational geometry*. MIT Press.

03
홉필드 모델과 볼츠만 머신

"AI 겨울" 기간 동안 이어졌던 머신 러닝 분야의 대표적인 모델 아달라인(ADALINE), 자기조직화 지도(SOM), 적응 공명 이론(ART)에 대해 알아본다. 1980년대 신경 회로망 연구의 부흥을 가져온 홉필드 모델과, 에너지 감소 방향으로만 상태를 변화하는 홉필드 모델과 달리 확률론적으로 상태를 변화시키는 볼츠만 머신에 대해 설명한다.

AI와 난임 극복?

소위 "AI 겨울"이 신경 회로망 분야에 닥친 상황에서 기호적 인공지능 연구가 활발하게 이뤄지는 기간에도 신경 회로망 분야의 연구는 지속되고 있었다. 홉필드 모델 등장 이전의 대표적인 사례를 몇 가지 살펴보자.

1960년에 아달라인(ADALINE, Adaptive Linear Neuron)이 버나드 위드로(Bernard Widrow)와 마르시안 호프(Marcian Hoff)에 의해 제안되었다. 아달라인은 여러 개의 입력 x_i와 가중치 w_i 사이의 가중치 합에 바이어스 w_0를 더한 $\sum_i w_i x_i + w_0$이 선형 활성화 함수를 거쳐 출력된다. 퍼셉트론이 문턱 활성화 함수를 지닌 것과 다르게 아달라인은 가중치 합 자체가 출력이 되는 형태다. 출력이 목표값과 가까운 정도를 정의하는 오차함수가 출력값과 목표값 사이의 제곱 오차로 정의되고, 그 제곱 오차가 최소가 되도록 경사 하강법(Gradient Descent)을 사용해 가중치를 변경하는 방식으로 아달라인을 학습시켰다. 이 학습 방식을 LMS(Least Mean Square, 최소 평균 제곱) 알고리즘이라고 하며, 신경망 학습 방법의 기초가 되었다. 또한 LMS 알고리즘이 적응 신호 처리(Adaptive Signal Processing) 기술로 발전해 통신 시스템, 음성 처리, 이미지 처리, 생체 신호 분석 등에서 중요한 역할을 하고 있으며, 소음 제거, 에코 제거, 채널 균등화(channel equalization) 등에 응용되고 있다.

1970년대 1차 시각 피질(Cortex)에서 자기 조직화(self-organization)되는 신경 회로의 특징이 보고되었다. 시각 입력에 반응하는 신경 세포들은 비슷한 특징에 반응하는 세포들끼리 인접 위치에 자리한다. 즉, 감각적 입력에 반응하는 신경 세포들은 외부 자극에 대한 경험에 의해 조직화가 갖춰지는 특성을 보인다. 1980년대에 코호넨(Teuvo Kalevi Kohonen)은 이러한 특징을 지니도록 인공 신경망 모델 자기 조직화 지도(SOM, Self-Organizing Map)을 제시했다. 자기 조직화 지도에서 고차원의 입력과 연결된 노드들이 위상학적으로 배치되며, 노드들은 가중치 벡터를 가지고 있다. 고차원의 입력 벡터가 주어지면, 입력 벡터와 가장 비슷한 가중치 벡터를 지닌 노드가 승자(winner)로 선택되고, 승자인 노드와 위상학적으로 이웃인 노드들의 가중치 벡터들은 입력 벡터 방향으로 변경되는 형태로 학습이 이뤄진다. 이는 위상학적으로 배치된 노드들이 경쟁 학습을 통해 입력 벡터 공간에 군집화를 이루게 되는 일종의 비교사 학습이며, 데이터 시각화, 군집 분석, 차원 축소 등의 분야에서 널리 활용된다.

스티븐 그로스버그(Stephen Grossberg)는 비선형 미분 방정식 시스템을 이용해 뇌의 메커니즘이 행동 기능을 어떻게 유도하는지를 보여 주는 연구 패러다임을 제안했다. 이 접근법은 전통적인 마음과 몸의 문제를 해결하는 데 도움이 되며, 현재 생물학적 신경망 연구에서 기본 수학 공식으로 사용되고 있다. 특히 1957~1958년 동안 그는 신경 회로망 연구에서 널리 사용되는 단기 기억(Short-Term Memory) 혹은 뉴런 활성화 모델, 중기 기억(Mid-Term Memory) 혹은 활성화 의존적 습관화, 장기 기억(Long-Term Memory) 혹은 뉴런 학습 방정식들을 발견했다. 이 학습 방정식의 한 변형인 내성 학습(Instar Learning)은 1976년 적응 공명 이론(ART, Adaptive Resonance Theory)의 적응 필터 학습을 위해 도입되었다. 또 다른 변형인 외성 학습(Outstar Learning)은 1967년 공간 패턴 학습에 사용되었다. 이 외에도 신경 회로망 분야의 연구는 꾸준히 이어져 다양한 모델들이 제시되었다.

홉필드 모델

존 홉필드(John Hopfield)는 1982년에 신경 회로망에 정보들을 저장하고, 일부 정보의 제공으로 저장된 정보를 온전히 찾아내는 연상 기억 모델인 홉필드 모델을 제시했다. 홉필드 모델에서 각 뉴런의 상태는 v_i로 나타내고 뉴런 i와 j 사이의 연결 시냅스 (혹은 가중치)는 T_{ij}로 나타낸다. 홉필드 모델이 뉴런 N개로 구성되어 있다고 하면 뉴런들의 상태는 N차원 벡터로 표현할 수 있다. 여기서, 뉴런의 상태는 매컬러와 피츠 뉴런처럼 0과 1의 값만을 가진다고 가정한다. 즉, 2진수로 뉴런의 상태를 표현한다. 만약, N차원 2진수 벡터 P개를 홉필드 모델에 저장하고자 하면, 뉴런 i와 j 사이의 연결 시냅스 $T_{ij}(i \neq j)$는 $(2v_i - 1)(2v_j - 1)$를 모든 데이터 벡터 P개에 대해 더한 값으로 결정한다. 단, $T_{ii} = 0$으로 정한다.

위와 같은 형태로 N차원 벡터 P개를 홉필드 모델에 저장한 후에, 뉴런들의 초기 상태가 임의의 벡터로 주어지면, 각 뉴런들은 다른 뉴런들로부터 시냅스를 통해 입력되는 값을

$$\hat{v_i} = \sum_{j=1}^{N} T_{ij} v_j, \quad (i = 1, 2, .., N)$$

와 같이 계산한 후, 문턱 값 U_i 에 의해 $\hat{v_i} > U_i$ 이면 뉴런 v_i의 다음 상태를 1로 정하며, $\hat{v_i} < U_i$ 이면 뉴런 v_i의 다음 상태를 0으로 정한다. 이렇게 동작하는 홉필드 모델은

$$E = -\frac{1}{2}\sum_{i}\sum_{j\neq i} T_{ij}v_i v_j$$

로 정의되는 리아푸노프(Lyapunov) 에너지 함수가 감소하는 방향으로 뉴런들의 상태를 변하게 한다. 만약 홉필드 모델의 초기 상태를 저장된 정보 중에서 일부만 지니도록 정하면, 뉴런 상태의 변화를 통해 전체 저장되어 있는 정보들 중에서 초기 상태와 가장 가까운 N차원 정보를 찾아 준다. 즉, 인간의 기억 형성 방식을 모방해, 손상되거나 불완전한 데이터를 입력해도 원래의 패턴을 복원할 수 있는 능력—사람의 연상 기억 작용—을 모델로 구현한 것이다.

또 홉필드 모델은 손상된 이미지나 데이터에서 원래 정보를 복원하는 형태로 패턴 인식 및 데이터 복원에 사용할 수도 있으며, 리아푸노프 에너지 함수를 적절히 수정해 순회 판매원 문제(Traveling Salesman Problem) 같은 최적화 문제에도 응용할 수 있다. 또 인간의 기억 형성과 신경망의 작동 원리를 설명하는 모델로 연구되기도 한다.

한편 홉필드 모델은 정보 처리를 광학적으로 구현하고자 하는 시도와 맞물려 1980년대에 신경 회로망 연구를 크게 유행시켰다. 홉필드 모델의 동작인 행렬과 벡터의 곱을 홀로그램을 이용해 광학적으로 구현하면 전자 회로보다 훨씬 고속으로 정보를 처리할 수 있기에 광학 연구자들 사이에 홉필드 모델의 연구가 크게 활성화되었다.

볼츠만 머신

홉필드 모델의 리아푸노프 에너지 함수는 뉴런들의 상태 공간에서 여러 개의 국소 최소 지점을 가지고 있다. 만약 뉴런들이 에너지 감소 방향으로 변해 찾아간 국소 최소 지점이 홉필드 모델에 저장된 정보에 해당하면 일부 정보에서 전체 정보를 찾아냈다고 볼 수 있지만, 그렇지 않은 경우 홉필드 모델에서 뉴런들이 에너지 감소 방향으로 상태를 변화시키더라도 저장된 정보를 찾아낼 수 없다. 즉, 에너지가 감소하는 형태인 결정론적 방식으로 뉴런들의 상태를 변화시키면, 뉴런들이 잘못된 국소 최소 지점을 찾아갈 때 그 방향에서 벗어나지 못하는 단점이 있다.

홉필드 모델의 이러한 단점을 해소하기 위해 뉴런들의 상태를 확률론적으로 변화시키는 볼츠만 머신이 제프리 힌턴(Geoffrey Everest Hinton)과 테런스 세이노프스키(Terrence Sejnowski)에 의해 제시되었다. 볼츠만 머신은 통계물리학의 개념을 이용해 신경 회로망의 상태가 국소 최소 지점을 벗어날 수 있도록 했다.

볼츠만 머신은 홉필드 모델의 뉴런처럼 정보를 직접 접근할 수 있는 가시 뉴런(Visible neuron)과 정보 접근이 되지 않는 은닉 뉴런(Hidden neuron), 유닛들을 연결하는 가중치들로 구성된다. 볼츠만 머신은 전체 회로망의 에너지 최소가 되도록 유닛들의 상태를 확률적으로 변화시킨다. 이를 크게 세 단계로 나누어 설명하겠다.

단계 1. 상태 초기화 및 에너지 계산: 뉴런들의 이진 상태를 무작위로 설정하고, 홉필드 모델과 같은 형태의 에너지를 계산한다.

단계 2. 확률적 상태 변화: 각 뉴런은 자신의 조건부 확률에 따라 상태를 변화시킨다. 조건부 확률은 상태 변경에 따른 에너지 차이와 온도 파라미터를 사용하며, 이 과정을 통해 볼츠만 머신은 상태 공간을 샘플링하면서 점점 낮은 에너지 상태로 수렴해 간다.

단계 3. 학습: 실제 데이터로 계산한 기댓값인 데이터 분포와 모델이 생성한 샘플로 계산한 기댓값인 모델 분포 간의 차이를 최소화화는 방식으로 가중치를 변경시킨다.

학습이 완료된 후, 볼츠만 머신은 새로운 입력 데이터를 기반으로 패턴을 생성하는 추론을 수행한다. 특정 입력을 주면, 확률적 방법을 통해 가장 가능성이 높은 출력을 예측할 수 있다. 볼츠만 머신은 이론적으로 흥미로운 특성을 지니는데, 이는 학습 알고리즘이 지역성(locality)과 헤브(Hebbian) 방식을 따르기 때문이다. 즉, 헤브의 법칙(Hebb's Law)에 의해 학습되며, 병렬 처리 능력과 동역학적 특성이 간단한 물리적 과정과 유사하다. 단, 볼츠만 머신은 기계 학습 또는 추론(inference) 문제에서 실용성이 입증되지 않았다. 나중에 연결 구조를 적절히 제한한 제한된 볼츠만 머신이 등장해 딥 러닝이 가능하도록 했다.

참고문헌

Ackley, D. H. et al(1985). A learning algorithm for Boltzmann machines. *Cognitive science*, 9(1), pp.147-169, https://www.cs.toronto.edu/~fritz/absps/cogscibm.pdf

Boston University Neuroscience(2015.8.11). Dr. Stephen Grossberg honored with Lifetime Achievement Award, https://www.bu.edu/neuro/2015/08/11/dr-stephen-grossberg-honored-with-lifetime-achievement-award/

Hopfield, J. J.(1982.4). Neural networks and physical systems with emergent collective computational abilities. *Proc. natl.*

acad. sci. USA, 79(8), pp.2554-2558, https://pmc.ncbi.nlm.nih.gov/articles/PMC346238/

Kohonen, T.(1982). Self-organized formation of topologically correct feature maps. *Biological cybernetics,* 43(1), pp.59-69, https://tcosmo.github.io/assets/soms/doc/kohonen1982.pdf

Oh, S.-H. et al.(1988.1.1). Associative-memory model based on neural networks: modification of Hopfield model. *Opt. Lett.,* 13(1), pp.74-76, https://pubmed.ncbi.nlm.nih.gov/19741985/

Widrow, B.(1987). Adaline and Madaline-1963, plenary speech. Proc. *1st IEEE intl. conf. on neural networks,* 1, pp.145-158, https://www.scribd.com/document/77995052/Adaline-Madaline

04
오류 역전파 알고리즘과 딥 러닝

퍼셉트론의 한계를 뛰어넘기 위해 제시된 다층 퍼셉트론과 그 학습 방법인 오류 역전파(EBP) 알고리즘에 대해 알아본다. 아울러 다층 퍼셉트론이 보편적 근사화 기계임이 증명되었지만, 만족할 만한 성능을 보여 주지 못해, 해결책으로 제시된 심층 신경망 구조의 학습 방법을 찾아 준 제한된 볼츠만 머신에 대해 알아본다.

AI와 사주?

홉필드 모델이 에너지 함수를 이용한 최적화 문제 해결 방법을 제시해 신경 회로망 분야 연구의 활성화를 가져와 "AI 겨울"을 녹여낸 것과 별도로, 또 다른 방면에서 퍼셉트론의 한계를 벗어나기 위한 시도가 있었다. 예를 들어, 아달라인(ADALINE)을 다층으로 확장한 마달라인(MADALINE, Multiple Adaptive Linear Neuron)은 문턱 함수를 활성화 함수로 지닌 다층 신경 회로망이다. 이 모델은 활성화 함수가 미분이 가능하지 않다는 단점이 있다. 퍼셉트론의 한계를 완전히 해결한 모델은 퍼셉트론을 다층으로 쌓고 시그모이드(Sigmoid) 함수를 뉴런의 활성화 함수로 사용한 다층 퍼셉트론(MLP, Multi-Layer Perceptron)이다. 시그모이드 함수는 미분이 가능하므로, 다층 퍼셉트론의 학습은 경사 하강법을 사용한다. 이를 자세히 살펴보자.

다층 퍼셉트론과 오류 역전파 알고리즘

다층 퍼셉트론은 말 그대로 가중치와 뉴런으로 구성된 퍼셉트론을 다층으로 쌓아 올린 구조다. 이때, 입력이 들어오는 층을 입력층이라고 하고, 제일 마지막 층을 출력층이라고 하자. 출력층의 뉴런들에게 원하는 목표값이 부여되고, 다층 퍼셉트론의 가중치들은 출력층 뉴런의 값이 목표값을 따라가도록 학습된다. 다층 퍼셉트론에서 입력층과 출력층 사이에 있는 뉴런층을 은닉층(Hidden Layer)이라고 한다. 은닉층이 하나인 경우를 대상으로 입력층에서 은닉층을 거쳐 출력층으로 신호가 전달되고, 학습이 이뤄지는 과정을 간략히 살펴보자.

입력층 뉴런 상태를 벡터 $x=[x_1,x_2,\dots,x_N]$, 은닉층 뉴런을 벡터 $h=[h_1,h_2,\dots,h_H]$, 출력층 뉴런을 벡터 $y=[y_1,y_2,\dots,y_M]$와 같이 나타내자. 그리고 h_j와 x_i와 사이의 가중치를 w_{ji}, y_k와 h_j 사이의 가중치를 v_{kj}라고 하자. 입력 벡터가 MLP에 들어오면, 은닉층 뉴런들은 각각 가중치 합 $\hat{h_j}=\sum_i w_{ji}x_i$을 계산한 후 $h_j=f(\hat{h_j})$와 같이 시그모이드 함수 $f(.)$를 거쳐 상태를 결정한다. 그다음 과정도 마찬가지로, 출력층 뉴런들은 각각 가중치 합 $\hat{y_k}=\sum_j v_{kj}h_j$을 계산한 후 $y_k=f(\hat{y_k})$와 같이 시그모이드 함수 $f(.)$를 거쳐 출력값을 결정한다. 입력 뉴런이 은닉층을 거쳐 출력층으로 전파되는 형태다.

MLP에 벡터 x가 입력되어 구해진 출력 y의 목표값을 벡터 $t=[t_1,t_2,\dots,t_M]$라고 하면, t와 y 사이의 오차함수(거리함수, 혹은 손실 함수)를 정의한 $E(t,y)$가 최소화 되도록 가중치들이 학습된다. 시그모이드 활성화 함수가 미분 가능하므로, 출력층 가중치는 $\Delta v_{kj}=-\eta\partial E/\partial v_{kj}=\eta\delta_k h_j$

와 같이 오차함수를 가중치에 대한 미분의 반대 방향으로 변경하는 형태로 학습된다. 여기서, $\delta_k = -\partial E/\partial \hat{y_k}$ 를 출력 뉴런의 오류 신호라고 한다. 은닉층 가중치 역시 미분에 의해 $\Delta w_{ji} = -\eta \partial E/\partial w_{ji} = \eta \delta_j^{(hidden)} x_i$ 와 같이 학습되는데, 이 수식의 유도 결과를 살펴보면 $\delta_j^{(hidden)}$ 은 δ_k 가 v_{kj} 를 통해 h_j 로 역전파되는 형태로 나타난다. 이렇게 가중치를 학습시키는 방법을 오류 역전파(EBP) 알고리즘이라고 한다. 이 EBP 알고리즘은 입력층에서 은닉층을 거쳐 출력층으로 신호가 전달되는 과정이 미분 가능하게 표현되는 모든 신경 회로망의 학습에 적용할 수 있다.

한편, 1989년 호닉 등(Kurt Hornik, Maxwell Stinchcombe, Halbert White)은 "2층 구조의 MLP는 충분한 수의 은닉 뉴런이 있으면 어떤 연속함수이든지 임의의 정확도로 근사화시킬 수 있다"는 것을 수학적으로 증명했다. 이를 근거로, 다층 퍼셉트론 혹은 전방향 신경 회로망은 보편적인 근사화 기계(Universal Approximator)라고 불리며, 이러한 수학적 분석을 토대로 신경 회로망을 이용해 실생활의 문제를 해결하고자 하는 시도가 1980년대 말부터 급속히 확대되었다.

제한된 볼츠만 머신과 딥 러닝

MLP가 보편적인 근사화 기계임이 수학적으로 증명되어 연구자들이 실질적 문제를 MLP로 해결하고자 하는 시도를 많이 했지만, 만족할 만한 성과를 얻어내지 못했다. 이에 MLP의 성능을 향상하고자 은닉층을 여러 개 사용해 신경망의 깊이를 깊게 만든 심층 신경망(DNN, Deep Neural Network) 구조를 지니도록 했으나, 심층 신경망의 학습이 원하는 만큼 좋은 성능을 보이지 못했다.

심층 신경망의 학습에 돌파구를 찾아준 것이 제한된 볼츠만 머신(RBM, Restricted Boltzmann Machine)이다. RBM은 1986년 폴 스몰렌스키(Paul Smolensky)가 처음 제안했으며, 2000년대 중반 제프리 힌턴 등이 효율적인 학습 알고리즘인 대조적 발산(CD, Contrastive Divergence)을 도입하면서 널리 사용되기 시작했다. RBM은 가시 노드와 은닉 노드로 이뤄진 볼츠만 머신에서 노드들의 연결 가중치에 제한을 가한 모델이다. 즉, RBM에서는 은닉 노드들 사이의 연결과 가시 노드들 사이의 연결은 없으며, 은닉 노드와 가시 노드들 사이의 연결만 존재한다.

RBM은 에너지 함수를 기반으로 시스템의 동작을 결정하는데, 가시 노드의 입력 벡터와 은닉 벡터의 조합에 대해 에너지가 낮을수록 해당 조합의 확률이 높게 동작한다. 학습은 주어진 데이터의 분포를 근사화하도록 가중치와 바이어스를 대조적 발산을 통해 수행된다. RBM은 데이터에 내재된 확률 분포를 모델링해 새로운 데이터를 생성하는 확률론적 생성 신경망이다. 차원 축소, 클러스터링, 이상 탐지, 협업 필터링 등 다양한 분야에 활용된다. 특히 심층 신경망의 학습 초기 가중치들을 대조적 발산으로 학습시킨 후, 오류 역전파 알고리즘으로 학습시키는데 성공해, 딥 러닝의 연구가 활성화되는데 기여했다.

한편 대조적 발산에 의한 심층 신경망 학습의 번거로움을 해결해 손쉽게 심층 신경망을 학습시키는 방법이 제시되었는데, 이를 세 가지로 설명하겠다. 첫째는 심층 신경망에 오류 역전파 알고리즘을 적용하면, 출력층의 오류 신호가 입력층으로 전달될수록 그 크기가 줄어드는 기울기 소실(Vanishing Gradient) 때문에 학습이 되지 않는데, 이 해결책으로 은닉층 뉴런의 활성화 함수를 시그모이드 함수에서 ReLU(Rectified Linear Unit) 함수로 변경한다. 두 번째는, 출력층 뉴런의 활성화 함수로 소프트맥스(Softmax) 함수를 채택해 인식(혹은 분류) 문제에서 출력 뉴런들이 지닌 값의 합이 1이 되도록 해,

출력 뉴런이 지닌 값을 확률론적으로 해석할 수 있게 해 주었다. 마지막으로 소프트맥스 출력 뉴런의 손실 함수로 크로스 엔트로피(Cross-Entropy) 함수를 채택했다. 이 세 가지 변화가 심층 신경망의 학습이 대조적 발산의 적용 없이 오류 역전파 알고리즘으로만 수행되도록 해 주었다.

참고문헌

Hinton, G. E. et al.(2006). A fast learning algorithm for deep belief nets. *Neural computation,* 18, pp.1527-1554, https://www.cs.toronto.edu/~hinton/absps/ncfast.pdf

Hornik, K. et al.(1989). Multilayer feedforward networks are universal approximators. *Neural networks,* 2, pp.359-366, https://www.cs.cmu.edu/~epxing/Class/10715/reading/Kornick_et_al.pdf

Oh, S.-H.(1997.6). Improving the error back-propagation algorithm with a modified error function. *IEEE trans. neural networks,* 8(3), pp.799-803, https://www.researchgate.net/publication/3302296_Improving_the_error_backpropagation_algorithm_with_a_modified_error_function

Rumelhart, D. E. et al.(1986). Learning internal representations by error propagation. *Parallel distributed processing.* MIT, https://stanford.edu/~jlmcc/papers/PDP/Volume%201/Chap8_PDP86.pdf

Widrow, B. et al.(1988.8). Layered neural nets for pattern

recognition. *IEEE trans. acoust., speech, signal processing,* 36(7), pp.1109-1118, https://www.researchgate.net/publication/3175295_Layered_neural_nets_for_pattern_recognition

05
AI의 발전과 노벨 물리학상

2000년대 이후 머신 러닝이 자율주행 로봇, 영상 처리, 음성 처리, 자연어 처리 등의 분야에서 급격한 변화를 이끌어 간 내용을 알아본다. 아울러 AI 기술이 과학 · 기술 영역의 혁신을 시작으로 인문 · 사회계를 넘어 예술의 영역에서도 변화를 이끌어 간 사례들을 살펴본다. 이러한 변화의 핵심인 AI 분야의 연구자 홉필드와 힌턴에게 노벨 물리학상을 수상한 노벨상 위원회의 발표도 알아본다.

AI와 아이돌?

자율주행 로봇 분야의 AI 기술 발전

2000년대는 머신 러닝 분야의 연구 결과들이 산업적으로 활발하게 적용되기 시작한 시기였다. DARPA(미 국방고등연구계획국) 그랜드 챌린지는 세계 최초의 무인 자동차 경주대회로, 2004년의 첫 대회에는 완주한 차량이 한 대도 없었다. 2005년 네바다주 모하비 사막에서 개최된 대회에서 스탠퍼드 대학의 스탠리(Stanley)가 평균 속도 30.7km/h로 6시간 53분 8초 만에 완주를 했는데, 머신 러닝 기반 장애물 감지 알고리즘을 적용해 험난한 지형과 급커브, 협곡 등에서 뛰어난 자율주행 성능을 보여 주목받았다. 2007년 DARPA 어반 챌린지는 실제 도시 환경에서 자율주행 기술의 적용 가능성을 검증하기 위해 개최되었는데, 이 대회에서도 실시간 경로 계획 및 행동 생성에 다양한 알고리즘과 인공지능 소프트웨어가 활용된 카네기 멜런 대와 제너럴 모터스의 '타르탄 레이싱(Tartan Racing)' 팀의 '보스(Boss)'가 우승했다.

그 이후, 2009년 구글 카 프로젝트가 시작되었다. 이 프로젝트에서 차량은 수집된 데이터를 실시간으로 분석하고, 머신 러닝 알고리즘을 통해 주행 경로를 계획하며, 돌발 상황에도 스스로 대응할 수 있도록 했다. 2010년 개최된 매직(MAGIC, Multi Autonomous Ground-robotic International Challenge)은 완전 자율 다중 로봇 시스템의 실용 가능성을 세계적으로 처음 실증한 대회로, 군사뿐 아니라 재난 대응, 산업 자동화 등 다양한 분야에서 자율 로봇 기술 발전을 머신 러닝이 이끌게 되었다.

영상 신호, 음성 신호, 자연어 처리의 발전

ILSVRC(ImageNet Large Scale Visual Recognition Challenge)는 대규모 이미지 데이터세트를 활용해 이미지 분류와 객체 인식 알고리즘의 성능을 겨루는 국제 대회다. 2012년 딥 러닝 기반의 알렉스넷(AlexNet)이 우승하면서 합성곱 신경망(CNN, Convolutional Neural Network)이 이미지 인식 문제에서 뛰어난 성능을 낼 수 있음을 전 세계에 입증했다. 이를 계기로 딥 러닝 기반의 모델들이 컴퓨터 비전 분야의 혁신을 이끌게 되었으며, 이후 더 깊고 복잡한 심층 신경강(DNN)이 개발되었다. 2011년 구글, 마이크로소프트, IBM 등 주요 연구 기관과 기업들이 기존의 GMM-HMM(Gausian Mixture Model-Hidden Markov Model) 기술을 DNN-HMM 기술로 대체해, 음성의 패턴을 더 정교하게 인식하고 다양한 환경과 억양에서도 높은 정확도를 달성할 수 있게 했다.

이후 모든 주요 상용 음성 인식 서비스에 딥 러닝이 표준이 되어 음성 인식 분야의 기술적 도약을 이끌었다.

이미 잘 알려진 바와 같이 2016년 구글 딥마인드가 개발한 알파고는 이세돌과의 바둑 대결에서 단 1패만을 허용하면서 4승을 거두어, 인간의 고도의 창의적 사고가 필요한 영역에서조차 머신 러닝이 경쟁력을 갖출 수 있음을 보여 준 결정적 계기가 되었다. 2020년 5월에 오픈AI에서 도입한 대규모 언어모델 GPT-3(Generative Pre-trained Transformer-3)는 사람이 구분하기 힘든 수준의 문장을 생성하는 성능을 보여 주었고, 이 기술을 기반으로 인간 피드백형 강화 학습으로 성능을 개선해 2022년에 발표된 대화형 인공지능 챗봇 챗GPT는 자연어 처리 영역에서 인공지능의 강력함을 일반인들도 체감하게 해 주었다. 또 2022년에 발표된 달리 2(DALL-E 2)는 사용자가 입력한 텍스트 설명(프롬프트)에 따라 고유하고 창의적인 이미지를 자동으로 만들어 내는 이미지 생성 모델인데, 이 역시 일반인들의 인공지능 도구 사용이 획기적으로 늘어나게 했다.

AI 기술의 응용 사례

이제 AI을 기반으로 한 음성 신호, 영상 신호 및 자연어 처리 분야와 자율주행 로봇 분야 기술의 발전으로 우리의 생활 속에 스며들어 일상적으로 사용되고 있는 AI 기술 응용 사례들을 살펴보자.

인공 비서

사용자의 음성이나 텍스트 명령을 이해하고, 일정 관리, 알람 설정, 전화 걸기, 메시지 전송, 정보 검색, 음악 재생, 내비게이션 등 일상적인 개인 비서 업무를 자동으로 수행한다. 단순 명령 수행을 넘어, 사용자의 습관을 학습하고, 점점 더 자연스럽고 지능적으로 대화하며, 다양한 디지털 환경에서 생산성과 편의성을 크게 높이고 있다. 또 클라우드 컴퓨팅과 대규모 데이터 분석 기술의 결합으로 점차 더 많은 기능과 높은 정확도를 갖추게 되었다.

가상 인간

AI와 딥 러닝 기술을 활용해 실제 사람처럼 보이고, 움직이며, 상호작용할 수 있도록 만든 디지털 존재다. 가상 인간은 그래픽 기술과 AI가 결합되어, 외형 · 음성 · 표정 · 행동 등 다양한 인간적 특성을 모방하거나 창조할 수 있다.

의료 인공지능

방대한 의료 데이터를 분석해 진단, 치료, 예측, 관리 등 다양한 의료 서비스를 혁신적으로 변화시키고 있다. 인간이 놓칠 수 있는 미세한 패턴까지 분석해 진단의 정확도와 치료 효과를 높여 주고, 반복적이고 시간이 많이 소요되는 작업을 자동화해 의료진이 환자 진료에 더 집중할 수 있도록 돕는다. 또 효율적인 진단과 치료로 불필요한 검사 · 입원을 줄여 의료비를 절감하고, 의료 서비스 접근성을 높인다.

교육 분야 AI 활용

학생 맞춤형 학습, 교사 업무 경감, 평가 자동화, 몰입형 학습 등 다양한 방식으로 활용되고 있다. 최근에는 AI 기술이 학교 현장에 본격적으로 도입되어 학생과 교사 모두에게 혁신적인 학습 경험을 제공하고 있다. 주요 사례는 AI 디지털 교과서와 맞춤형 학습, AI 기반 평가 · 피드백 및 교사 업무 지원, 개별화 · 적응형 학습과 AI 튜터, 몰입형 · 체험형 학습, 창의력 · 문제해결력 강화 및 사회 정서 학습 등이 있다.

자율주행

딥 러닝과 강화 학습 등 AI 기술이 집약적으로 활용되는 대표적인 분야로, 자율주행차는 도로 환경을 인식하고, 판단하며, 차량 제어의 전 과정을 사람의 개입 없이 스스로 수행한다. 머신 러닝 덕분에 자율주행차는 복잡한 도로 환경과 예기치 못한 상황(날씨 변화, 돌발 장애물 등)에도 적응하며, 주행 경험이 쌓일수록 성능이 지속적으로 개선된다. 궁극적으로는 완전 무인 자율주행차 상용화와 교통사고 감소, 교통 효율성 향상 등 사회적 효과가 기대되고 있다.

스마트 홈

집안의 다양한 기기와 환경을 자동으로 관리하고, 사용자의 생활 패턴과 선호도에 맞춘 맞춤형 서비스를 제공하는 지능형 주거 시스템이다. 머신 러닝은 데이터를 기반으로 집 안의 여러 상황을 학습하고 예측해, 생활의 편의성, 에너지 효율, 보안, 건강 관리 등 다양한 분야에서 스마트 홈의 성능을 혁신적으로 높이고 있다. 특히, 머신 러닝 기반 스마트 홈은 단순한 자동화에서 벗어나, 사용자별로 최적화된 생활 환경과 보안, 건강, 에너지 관리까지 제공하는 '맞춤형 AI 집사'로 진화하고 있다. 앞으로는 다양한 IoT(사물인터넷) 기기와의 통합, 더욱 정교한 개인화, 강화된 보안 등으로 일상생활의 편의성과 안전, 효율성이 더욱 높아질 전망이다.

스마트 그리드

정보 통신 기술(ICT)과 센서, 인공지능, 빅데이터 분석 등을 활용해 전통적인 전력망을 지능화한 시스템이다. 전력 생산, 분배, 소비 전 과정에서 데이터를 실시간 수집 · 분석해 전력 공급과 수요를 최적화한다. 특히, 머신러닝이 에너지 소비 예측 및 최적화, 그리드 안정성 및 장애 예측, 재생 에너지 통합 및 분산 에너지 관리, 부하 관리 및 에너지 거래, 데이터 결측 처리 및 사이버 보안에 사용된다.

스마트 공장

인공지능, 빅데이터, IoT 등 첨단 디지털 기술을 제조업에 융합해 생산의 전 과정을 자동화 · 지능화한 혁신적인 공장 시스템이다. 머신 러닝은 스마트 공장의 핵심 엔진 역할을 하며, 데이터 기반의 의사 결정, 공정 최적화, 품질 관리, 설비 유지 보수 등 다양한 영역에서 성과를 내고 있다. 이를 통해 생산성 향상, 비용 절감, 품질 고도화, 안전 강화 등 다방면의 효과를 거두며, 미래 제조업의 표준으로 자리 잡고 있다.

스마트 농장

인공지능, 빅데이터, IoT 등 첨단 기술을 활용해 농작물 재배의 자동화, 최적화, 효율화를 실현하는 첨단 농업 시스템이다. 전통적으로 경험과 직관에 의존하던 농업을 데이터 기반의 정밀 농업으로 전환해 생산성, 품질, 자원 효율성을 크게 높이고 있다. 머신 러닝이 환경 모니터링 및 자동 제어, 작물 성장 및 수확량 예측, 병해충 발생 예측 및 예방, 자원 관리 최적화, 자동화 로봇 및 드론 활용, 품질 검사 및 등급 분류 자동화에 사용된다. 또 클라우드와 연동해 대량의 자율 센서 데이터를 실시간으로 처리·분석하고, 머신 러닝 모델이 지속적으로 재학습하며 농장 환경 변화에 적응하도록 한다.

법률 분야 AI 활용

반복적이고 방대한 문서 작업이 많은 법률 업무의 특성상 AI가 빠르게 도입되고 있으며, 실제로 변호사 업무량이 평균 40~50% 감소하는 등 실질적인 업무 혁신 효과가 나타나고 있다. 최근 몇 년 사이 AI 활용이 급격히 확대되며, 법률 서비스의 효율성과 접근성을 크게 높이고 있다. 법률 리서치 및 판례 검색 자동화, 계약서 · 법률 문서 자동 작성 및 검토, 예측 분석 및 전략 수립, 이디스커버리(e-Discovery) 및 실사(Due Diligence), 챗봇 및 고객 상담 자동화에 AI를 활용하고 있다. 그로 인해 업무 효율성 및 비용 절감, 법률 서비스 접근성 향상 등의 효과를 기대한다.

예술 분야 AI 활용

생성형 AI로 그림, 음악, 문학 등 예술 데이터를 대규모로 학습해 새로운 작품을 만들어 내고 있다. 시각예술 영역에서 생성형 AI는 텍스트 프롬프트만으로 고품질의 이미지를 신속하게 만들어 낸다. 음악 영역에서 AI 작곡 도구는 영화, 광고, 앨범 작업에 실제로 활용되고 있다. 문학 및 스토리텔링 영역에서 언어 모델 기반 AI가 소설, 시, 시나리오 등 다양한 글쓰기 작업에 활용된다. AI는 스토리의 구조를 설계하고, 창작자가 아이디어를 확장하는 데 도움을 주고 있다. 영상 및 미디어 아트 영역에서 AI 영상 생성 툴로 실제 촬영 없이도 영상 제작이 가능해졌다. 또한 AI를 활용해 관객과 실시간으로 소통하는 인터랙티브 미디어 아트 작품도 선보였다. 하지만 저작권 논쟁이 일어나고 있으며, 예술의 본질과 창의성에 대한 재정의가 필요해졌다.

휴머노이드 로봇

인간과 유사한 외형과 동작, 그리고 지능적 행동을 구현하는 로봇으로, 다양한 센서와 AI 알고리즘을 결합해 주변 환경을 인식하고, 학습하며, 인간과 자연스럽게 상호작용할 수 있다. 휴머노이드 로봇은 환경 인식 및 학습, 모션 제어 및 행동 생성, 자연어 처리와 상호작용 등의 기술을 기반으로 동작한다. 제조업 및 물류, 서비스 및 의료 등에서 사람의 작업을 대신 수행해 준다. 휴머노이드 로봇은 인간이 사용하는 도구, 공간, 환경에 자연스럽게 적응할 수 있다는 점에서 큰 장점이 있다. 그렇지만 이족 보행의 안정성, 에너지 효율, 정교한 조작 능력, 인간 수준의 인지와 판단 등은 기술적 과제다.

노벨 물리학상과 AI

앞에서 논의한 바와 같이 AI 기술은 과학 · 기술 영역의 혁신을 시작으로 인문 · 사회계를 넘어 예술의 영역에서도 급격한 변화를 이끌고 있다. 인류 생활의 전 영역에서 일어나는 이러한 변화는 노벨 물리학상 위원회의 수상자 선정에도 영향을 미쳐 마침내 2024년 노벨 물리학상은 AI 연구자 존 홉필드(John Hopfield)와 제프리 힌턴(Geoffrey Everest Hinton)에게 수여되었다. 노벨상 위원회는 발표에서 "통계물리학의 근본 개념을 활용해 연상 기억 기능과 대규모 데이터 내 패턴을 알아내는 인공 신경 회로망 연구는 이미 인공지능 기술에 널리 활용돼 인류에 큰 혜택을 가져왔다"라고 설명하면서, 이들의 연구는 오늘날 챗GPT, 자율주행, 음성 인식, 의료 진단 등 다양한 분야에서 활용되는 딥 러닝과 대규모 언어 모델 등 AI 기술의 기초가 되었고, 이 기술이 과학, 공학, 사회 전반에 혁신을 가져왔음을 강조했다.

인간 뇌에서 영감을 받아, 기계가 스스로 학습하고 패턴을 인식할 수 있는 인공 신경 회로망의 원리를 제시한 두 연구자의 업적에 대한 노벨상 위원회의 평가는 다음과 같다. 홉필드는 1982년 '홉필드 네트워크'라는 연상 기억 신경 회로망을 개발해, 정보의 패턴을 저장하고 복원하는 원리를 밝혀냈다. 힌턴은 신경망이 데이터를 통해 자율적으로 특성을 찾고 학습하는 방법을 고안했으며, 오류 역전파(Backpropagation) 알고리즘과 볼츠만 머신 등 현대 딥 러닝의 핵심 기반을 마련했다. 두 수상자는 물리학적 도구와 원리를 활용해 신경 회로망의 작동 원리를 해명하고, 복잡한 시스템에서 집단적 현상이 어떻게 나타나는지 설명했다. 이는 순수 물리학뿐 아니라 응용과학과 공학 분야에도 큰 영향을 미쳤다.

노벨상 위원회는 이들의 연구가 "인간의 뇌에서 영감을 받아 기계에 독특한 인지 능력을 부여했다"라고 평가했다. 위원회는 두 수상자가 인공 신경 회로망을 이용한 머신 러닝의 근본적 발견과 발명을 이뤘으며, 물리학의 도구를 활용해 오늘날 강력한 머신 러닝의 기반이 되는 방법을 개발했다고 밝혔다. 특히 위원회는 "이들은 물리학적 도구를 이용해 인공 신경 회로망을 훈련시켰으며, 이는 AI 알고리즘이 단순한 추상적 아이디어가 아니라 자연법칙에 기반한 기술임을 보여 준다"라고 강조했다.

2024년 노벨 물리학상위원회 의장 엘렌 문스(Ellen Moons)는 이번 수상에 대해 다음과 같이 첨언했다. "머신 러닝은 엄청난 이점을 제공하지만, 그 급속한 발전은 우리의 미래에 대한 우려를 불러일으켰다. AI 기술의 발전이 인류에 큰 혜택을 주는 동시에 사회적 책임과 윤리적 사용의 중요성을 강조했다. 인류는 이 새로운 기술을 안전하고 윤리적으로 사용해 인류에게 최대의 이익을 가져올 책임을 진다."

참고문헌

김민재(2024.10.14). 2024년 노벨 물리학상은 인공지능 대부들에게로. The Science Times, https://www.sciencetimes.co.kr/nscvrg/view/menu/248?searchCategory=220&nscvrgSn=259070

오상훈(2025). 《인공지능: 수학적 이해에서 알고리즘까지》. 홍릉과학출판사.

장미경(2024.10.29). 노벨상과 인공지능, 새로운 시대의 서막. 《KOSAC 이슈페이퍼》, 8, https://www.kosac.re.kr/menus/249/boards/476/posts/40620?category=479&page=1&contentYn=Y

06
단백질 구조 예측 문제

아미노산의 폴리펩타이드 결합으로 이뤄진 단백질의 주요 기능을 살펴본다. 다음으로 단백질의 구조를 알아보고, 단백질의 기능을 결정짓는 3차원 구조를 예측하는 문제가 지닌 중요성을 알아본다.

AI와 야구?

단백질이란?

단백질의 기본 단위는 아미노산이다. 아미노산은 분자 내에 아미노기($-NH_2$)와 카르복실기(-COOH)를 모두 가지고 있는 유기 화합물로, 일반적으로 단백질을 구성하는 아미노산은 알파-아미노산(α-아미노산)이다. 알파-아미노산은 카르복실기(-COOH)가 결합된 탄소(α-탄소)에 아미노기($-NH_2$), 수소(H), 그리고 각각의 특성을 결정하는 곁사슬(R기)이 결합되어 있다.

단백질은 여러 개의 아미노산이 펩타이드 결합으로 연결되어 만들어지는 고분자(폴리펩타이드)다. 자연계에는 수백 종의 아미노산이 있지만, 사람을 포함한 대부분의 생명체에서 단백질을 구성하는 아미노산은 20가지(또는 22가지로 확장하는 경우도 있음)다. 여러 가지의 폴리펩타이드 사슬이 4차 구조를 이뤄 고유한 기능을 갖게 되었을 때, 단백질이라고 한다. 단백질은 생물체의 세포 내에서 거의 모든 주요 기능을 수행하는 핵심 분자다.

단백질의 기능을 살펴보면 다음과 같다. ① 근육, 피부, 뼈, 머리카락, 손톱 등 신체의 여러 조직을 만드는 주요 성분으로서, 체조직을 구성한다. ② 효소로서 화학 반응을 촉진하거나 조절하는 생화학적 촉매 역할을 한다. ③ 호르몬으로서 체내 신호 전달 및 생리 조절에, 항체로서는 외부 병원체 방어와 면역 기억 형성에 핵심적인 역할을 한다. ④ 생명체 내에서 다양한 물질의 운반과 저장에 핵심적인 역할을 한다. 대표적으로 헤모글로빈과 알부민이 각각 산소 운반, 그리고 혈액 내 다양한 물질의 운반 및 저장에 관여한다. ⑤ 신경전달물질의 방출(스네어 단백질 등), 신호 감지(수용체), 신호 전달 및 증폭(G 단백질 등) 등 신경 세포 간 정보 전달과 세포 내 신호 전달 경로에서 핵심 역할을 한다.

이처럼 단백질은 생명체의 구조, 대사, 신호 전달, 방어, 운동 등 거의 모든 생명 현상에 필수적인 역할을 담당한다.

단백질의 구조

단백질의 구조는 크게 1차, 2차, 3차, 4차 구조로 나뉘며, 각 구조는 단백질이 어떻게 만들어지고 기능을 발휘하는지 이해하는 데 매우 중요하다. 이를 알아보자.

1차 구조(Primary Structure)

아미노산이 펩타이드 결합으로 일렬로 연결된 선형의 서열을 의미한다. 이 서열은 유전자(DNA)에 의해 결정되며, 단백질의 종류와 기능을 결정하는 기본이 된다. 사슬의 한쪽 끝에는 아미노기가 있는 N-말단, 반대쪽에는 카복시기가 있는 C-말단이 있다.

2차 구조(Secondary Structure)

1차 구조가 접히거나 꼬이면서 나타나는 국소적인 구조다. 대표적으로 알파 나선(α-helix)과 베타 병풍 구조(β-sheet)가 있다. 이 구조는 주로 펩타이드 결합 사이의 수소 결합에 의해 안정화된다.

3차 구조(Tertiary Structure)

2차 구조가 추가로 접히거나 말려서 형성되는 전체적인 3차원 구조다. 아미노산 곁사슬(R기) 간의 다양한 상호작용(소수성 상호작용, 수소 결합, 이온 결합, 이황화 결합 등)에 의해 안정화된다. 이 구조가 단백질의 고유한 형태와 기능을 결정한다.

4차 구조(Quaternary Structure)

두 개 이상의 폴리펩타이드 사슬(서브 유닛)이 모여서 하나의 기능적 단백질 복합체를 이룬다. 각 서브 유닛은 이미 3차 구조를 가지고 있으며, 이들이 비공유 결합이나 이황화 결합 등으로 결합한다. 대표적인 예로 헤모글로빈이 있으며, 여러 서브 유닛이 모여 더 큰 기능을 수행할 수 있다.

단백질 구조의 3차원 구조

단백질의 3차 구조에서 아미노산 곁사슬(R기) 간의 다양한 상호작용을 좀 더 자세히 알아보면 다음과 같다.

소수성 상호작용(hydrophobic interaction)

물을 싫어하는(소수성) 아미노산 곁사슬이 단백질 내부로 모여 구조를 안정화한다.

수소 결합

극성 아미노산이나 펩타이드 골격 사이에 수소 결합이 형성되어 구조를 유지한다.

이온 결합

양전하와 음전하를 띤 아미노산 곁사슬 사이에 인력이 작용한다.

반데르발스 힘

아미노산 곁사슬 사이의 약한 인력이 전체 구조를 잡아 준다.

이황화 결합

시스테인 아미노산 사이에 형성되는 강한 공유 결합으로, 주로 세포 외 단백질에서 구조를 강화한다.

이러한 상호작용에 의해 단백질은 특정 3차원 형태로 접힌다. 즉, 단백질의 3차 구조는 2차 구조가 모여 다시 접히면서 최종적으로 기능을 가지는 3차원 형태로 만들어지는 구조이며, 이 형태는 단백질의 고유한 기능을 결정짓는 핵심이다. 3차 구조는 단백질이 효소, 호르몬, 항체 등으로서 생명체 내에서 다양한 역할을 수행할 수 있도록 한다.

단백질 구조 예측 문제

단백질 구조 예측 문제란, 주어진 아미노산 서열 정보만으로 단백질이 실제로 어떤 3차원 구조로 접히는지를 컴퓨터나 인공지능을 활용해 예측하는 과제다. 이 문제는 생물정보학과 이론화학 분야에서 오랫동안 가장 중요한 난제로 꼽혀 왔으며, 신약 개발, 효소 설계, 질병 연구 등 다양한 응용 분야에 매우 중요하다.

기존에는 단백질의 구조를 X선 결정학이나 저온전자 현미경 등 실험적 방법으로 알아내야 했지만, 이 방법들은 비용과 시간이 많이 들고 일부 단백질(예: 막 단백질, 고분자 단백질)에는 적용이 어려웠다. 반면, 아미노산 서열 정보는 유전자 분석을 통해 비교적 쉽게 얻을 수 있으므로, 서열 정보만으로 구조를 예측할 수 있다면 연구 속도가 크게 빨라진다.

하지만 단백질 구조 예측은 매우 복잡한 문제다. 아미노산 300개가 모여 있는 평균 크기의 단백질이 가질 수 있는 구조의 경우의 수는 10^{300}개에 달해, 현실적으로 모든 경우의 수를 계산하는 것은 불가능하다. 또한 아미노산 사이의 상호작용 에너지를 정확히 계산하는 것도 어렵다. 이러한 이유로 단백질 구조 예측은 오랜 기간 동안 과학자들을 괴롭혀 온 난제였다.

최근에는 인공지능(특히 딥 러닝)을 활용한 알고리즘(예: 알파폴드, 로제타폴드)이 등장해, 진화 정보(다중 서열 정렬 등)와 아미노산 서열 데이터를 바탕으로 단백질의 3차원 구조를 실험 수준에 준하는 정확도로 빠르게 예측할 수 있게 되었다. 이로 인해 단백질 구조 예측 분야는 혁신적인 발전을 이루었으며, 신약 개발, 생명공학 등 다양한 분야에 큰 영향을 주고 있다.

참고문헌

백민경(2023.4). 인공지능을 활용한 단백질 구조 예측. 화학세계, https://chemworld.kcsnet.or.kr/post/인공지능을-활용한-단백질-구조-예측

위키백과. 항목 '단백질', https://ko.wikipedia.org/wiki/단백질

위키백과. 항목 '단백질의 구조', https://ko.wikipedia.org/wiki/단백질의_구조

위키백과. 항목 '단백질의 3차 구조', https://ko.wikipedia.org/wiki/단백질의_3차_구조

e브릭몰(2024.1.2). 단백질: 정의, 구조, 기능, 그리고 중요성, https://www.ebricmall.com/customer/blog/blogDetail/309

Hornik, K. et al.(1989). Multilayer feedforward networks are universal approximators. *Neural networks,* 2, pp.359-366, https://www.cs.cmu.edu/~epxing/Class/10715/reading/Kornick_et_al.pdf

Oh, S.-H.(2013.12.28). Protein disorder prediction using multilayer perceptrons. *Int. Journal of Contents,* 9, pp.11-15, https://www.koreascience.kr/article/JAKO201301671904030.page

07
알파폴드 2와 노벨 화학상

단백질 구조 예측 평가(CASP)에 대해 알아보고, 딥마인드에서 개발한 AI 프로그램 알파폴드를 설명한다. 특히, 알파폴드 2가 월등한 성능으로 CASP14 대회에서 우승한 내용과 그 동작 원리를 설명한다. 알파폴드의 영향과 그 업적으로 노벨 화학상을 수여받게 되었음도 설명한다.

AI와 윤동주?

단백질 구조 예측 평가

CASP(Critical Assessment of Structure Prediction)는 1994년부터 2년마다 전 세계적으로 진행되는 단백질 구조 예측에 관한 커뮤니티 기반의 국제 실험이다. CASP는 연구 그룹들에게 자신들의 구조 예측 방법을 객관적으로 시험해 볼 수 있는 기회를 제공하며, 단백질 구조 모델링 분야의 최신 기술 수준에 대한 독립적인 평가를 연구 공동체와 소프트웨어 사용자들에게 제공한다. 비록 CASP의 주요 목적은 아미노산 서열로부터 단백질의 3차원 구조를 식별하는 방법의 발전에 기여하는 것이지만, 많은 사람들은 이 실험을 해당 과학 분야의 "세계 선수권 대회"로 여기기도 한다. 전 세계에서 100개 이상의 연구 그룹이 정기적으로 CASP에 참여하고 있으며, 실험에 참여하기 위해 수개월 동안 다른 연구를 중단하고 서버 준비와 정밀한 예측 수행에만 집중하는 경우도 드물지 않다.

알파폴드

알파폴드(AlphaFold)는 단백질 구조를 예측하는 AI 프로그램으로, 알파벳(Alphabet)의 자회사인 딥마인드(DeepMind)에서 개발했다. 이 프로그램은 딥 러닝 기술을 활용해 설계되었다. 알파폴드 1은 2018년 12월에 열린 제13회 CASP에서 전체 순위 1위를 차지했다. 특히 기존에 유사한 서열을 가진 단백질의 템플릿 구조가 전혀 존재하지 않아 대회 주최 측이 가장 어렵다고 평가한 표적에 대해서도 가장 정확한 구조를 예측하는 데 성공하면서 주목받았다.

알파폴드 1은 2010년대 여러 연구팀들이 개발한 연구들을 기반으로 만들어졌는데, 이들 연구는 다양한 생물체에서 얻은 관련 DNA 서열의 대규모 데이터베이스(대부분은 3차원 구조가 알려지지 않음)를 활용해, 메인 체인 상에서 연속적이지 않더라도 상호 연관된 것으로 보이는 서로 다른 잔기(펩타이드)들의 변화를 찾고자 했다. 이러한 상관관계는 서열상으로는 멀리 떨어져 있어도 물리적으로는 가까이 있을 가능성을 시사하며, 이를 통해 접촉 지도를 추정할 수 있다. 알파폴드 1은 2018년 이전의 최신 연구들을 바탕으로 이 방식을 확장해, 잔기 간 거리의 확률 분포를 추정함으로써 접촉 지도를 거리 지도로 효과적으로 변환했다. 또한 이전보다 더 발전된 학습 기법을 활용해 이러한 추론을 수행했다.

알파폴드 2

알파폴드 2는 아미노산 서열을 입력받아 단백질의 3차원 구조를 예측하는 AI 시스템이다. 2020년 CASP14에서 0~100점 사이의 GDT(Global Distance Test) 점수를 부여받는 평가에서 알파폴드 2는 GDT 92.4점을 받아 우승했는데, 90점 이상이면 실험 방법으로 예측한 점수와 같은 수준으로 평가받는다. 이 GDT는 계산적으로 예측된 구조와 실험적으로 결정된 구조 간의 유사성을 측정하는 지표이며, 100점은 완전한 일치를 의미한다.

알파폴드 2의 CASP14 결과는 "놀라울 정도로 뛰어나다" 또는 "획기적이다"라고 평가되었다. 그러나 일부 연구자들은 전체 예측 중 약 3분의 1에서는 정확도가 충분하지 않았으며, 단백질 접힘 문제에 대한 근본적인 메커니즘이나 규칙을 밝혀내지 못했다는 점에서 이 문제가 여전히 해결되지 않은 상태라고 지적했다. 그럼에도 알파폴드 2의 기술적 성과는 널리 인정받았다. 2021년 7월 15일, 알파폴드 2에 대한 논문이 《네이처》지에 선행 공개 형태로 출판되었으며, 동시에 오픈 소스 소프트웨어와 다양한 종의 단백질체(proteome)를 검색할 수 있는 데이터베이스도 함께 공개되었다. 2025년 2월 기준, 이 논문은 약 35,000회 인용되었다.

가장 큰 훈련 데이터 소스 중 하나는 맞춤형으로 구축된 BFD(Big Fantastic Database)로, 65,983,866개의 단백질 패밀리를 포함하고 있으며, 이는 다중 서열 정렬(MSA, Multiple Sequence Alignment)와 HMM(Hidden Markov Model) 형태로 표현되어 있다. 이 데이터베이스는 참조 데이터베이스, 메타유전체, 메타전사체에서 수집된 2,204,359,010개의 단백질 서열을 포함하고 있다.

알파폴드 2는 세 단계로 작동한다. 먼저 입력 데이터를 전처리하는 입력 특징 임베딩(Input feature embeddings) 단계, 어텐션 학습을 통해 전처리된 데이터에서 구조 예측에 필요한 정보를 뽑아내는 이보포머(Evoformer) 단계, 여기서 나온 정보를 구체적인 3차원 좌표로 처리하는 구조 모듈 (Structure module) 단계다.

입력 특징 임베딩 단계는 입력 시퀀스를 전처리하는 단계로 아미노산 서열을 입력받아 다중 서열 정렬을 생성하고, 입력 시퀀스와 유사한 시퀀스를 가진 단백질 템플릿도 검색해, 쌍 표현(Pair representation)과 다중 서열 정렬 표현(MSA representation)을 구성한다. 이보포머(Evoformer) 단계에서는 48개의 층으로 구성된 트랜스포머(Transformer) 신경 회로망을 적용한다. 이 단계를 거쳐 만들어진 2차원 표현 정보는 구조 모듈 단계에서 8개의 회귀 신경 회로망을 거치고 마지막에 레스넷(ResNet) 신경 회로망이 추가되어 단백질 구조의 모든 원자에 대한 3차원 좌표가 만들어진다.

알파폴드의 영향력

딥마인드는 알파폴드 2의 후속으로 2024년 5월 8일에 알파폴드 3를 발표했다. 이 버전은 단백질이 DNA, RNA, 다양한 리간드(Ligand) 및 이온과 결합해 형성하는 복합체의 구조를 예측할 수 있다. 새로운 예측 방법은 단백질이 다른 분자와 상호작용할 때의 구조 예측 정확도가 기존 방법에 비해 최소 50% 향상되었다. 특히 일부 핵심 상호작용 범주에서는 예측 정확도가 사실상 두 배로 향상되었다.

딥마인드는 자사 홈페이지에서 알파폴드의 영향력에 대해 다음과 같이 설명하고 있다. “지금까지 알파폴드는 2억 개가 넘는 단백질 구조를 예측했으며, 이는 과학적으로 알려진 거의 모든 단백질을 포괄하고 있다. 이 데이터는 알파폴드 단백질 구조 데이터베이스를 통해 누구나 자유롭게 이용할 수 있다. 현재까지 이 데이터베이스는 전 세계 190개국에서 200만 명이 넘는 사용자를 보유하고 있으며, 이는 이미 수백만 달러와 수억 년에 달하는 연구 시간을 절약했음을 의미한다. 한편 알파폴드 서버는 단백질이 다양한 생체 분자들과 어떻게 상호작용하는지를 예측해 새로운 연구를 가속화하고 있다. 알파폴드는 이미 상당한 영향을 미쳤으며, 앞으로 생물학적 세계에 대한 우리의 이해를 근본적으로 변화시키는 데 기여하길 기대하고 있다."

노벨 화학상

1962년 존 켄드루(John Kendrew)와 막스 퍼루츠(Max Perutz)가 X선 결정학을 이용해 헤모글로빈의 단백질 구조를 최초로 밝힌 이후 50년간 많은 연구자들이 염기 서열로부터 계산적인 방법으로 단백질 구조를 밝히려는 노력을 기울여 왔다. 데미스 허사비스(Demis Hassabis)와 존 점퍼(John Jumper)로 대표되는 구글 딥마인드 연구진이 개발한 알파폴드 2는 인공지능 기술을 도입해 단백질 구조 예측 분야를 획기적으로 발전시켰다. 수십 년에 걸쳐 실험을 통해 구조를 밝힌 단백질이 21만 건에 불과했는데, 알파폴드 2를 이용해 구조를 예측한 단백질은 단 몇 년 만에 2억 건을 넘어선 것이다.

데이비드 베이커(David Baker)는 아미노산 서열로 단백질 구조를 예측하는 알파폴드 2의 방식과 달리 그 과정을 역으로 적용해 특정한 단백질 구조를 가지는 아미노산 서열이 무엇인지 찾는 프로그램인 로제타폴드(RoseTTAFold)를 1990년대부터 개발하기 시작했다. 지난 2021년 공개한 로제타폴드는 원하는 구조의 단백질을 만드는 기능까지 지니도록 구현되었다. 베이커 교수의 단백질 디자인 연구는 컴퓨터를 이용한 방식이지만 인공지능을 활용한 연구는 아니었다. 하지만 최근에는 단백질 디자인의 주된 방법론으로 인공지능을 적극 활용하고 있다.

이러한 업적으로 노벨상 위원회는 2024년 노벨 화학상의 절반을 데미스 허사비스와 존 점퍼에게 "단백질 구조 예측" 공로로 수상했으며, 나머지 절반은 "계산적 단백질 설계" 공로로 데이비드 베이커에게 수여했다.

허사비스와 점퍼는 알파폴드 프로젝트를 이끈 공로로 2023년에 생명과학 부문 브레이크스루 상(Breakthrough Prize in Life Sciences)과 알버트 래스커 기초의학 연구상(Albert Lasker Award for Basic Medical Research)을 수상한 바도 있다.

AI 연구자의 노벨상 수상

이제까지 2024년도 노벨 물리학상과 노벨 화학상이 지닌 의미에 대해 살펴보았다. 순수과학 연구자에게 수여되던 과학 분야 노벨상이 2024년에는 인공지능 분야 연구자 혹은 인공지능이나 컴퓨터를 활용한 과학 문제 해결에 큰 공로를 세운 연구자에게 수여된 것을 설명했다. 그리고 인공 신경 회로망 연구 혹은 단백질 구조 분야 연구에서 수상자들의 업적을 살펴보았다. 이제 인공지능이 과학 분야 전반에 걸쳐 크나 큰 영향을 미치는 시대가 도래했음을 알 수 있었으며, 과학 전 분야에 걸쳐 그 동안 난제로 여겨졌던 문제들을 해결하는 도구로 인공지능이 널리 활용되고 있다. 2024년의 노벨 물리학상과 화학상 수상은 인공지능 기법을 활용한 과학적 연구를 더욱더 활성화할 뿐만 아니라 인공지능 기법에 의한 연구 결과가 과학적 업적으로 인정받을 가능성이 크게 증가했음을 나타낸다.

참고문헌

오상훈(2025). 노벨상과 인공지능. 《지식과 교양》, 17, 1061~1081쪽, https://www.kci.go.kr/kciportal/ci/sereArticleSearch/ciSereArtiView.kci?sereArticleSearchBean.artiId=ART003193131

이종헌(2024.10.10). [2024 노벨상] '신약 개발 AI 혁명 이끈 과학자'…화학상에 데이비드 베이커·데미스 허사비스·존 점퍼(종합). 《조선일보》, https://www.chosun.com/economy/science/2024/10/09/IBW2WNFMDCRHLHNVT6DPODFFIQ/
장미경(2024.10.29.) 노벨상과 인공지능, 새로운 시대의 서막. 《KOSAC 이슈페이퍼》, 8, https://www.kosac.re.kr/menus/249/boards/476/posts/40620?category=479&page=1&contentYn=Y
조태호(n.d.). 알파폴드 2 모델 분석, https://taehojo.github.io/alphafold/alphafold2.html
DeepMind. AlphaFold, https://deepmind.google/science/alphafold/
Jumper, J. et al.(2021.8). Highly accurate protein structure prediction with AlphaFold. *Nature,* 596(7873), pp.583-589, https://pubmed.ncbi.nlm.nih.gov/34265844/
Wikipedia. 항목 'AlphaFold', https://en.wikipedia.org/wiki/AlphaFold

08
구글 공동 과학자

비약적 발전을 이룬 LLM이 과학 연구에 활용되는 내용을 알아본다. 아울러 과학 연구에 LLM 기술을 활용한 대표 사례인 구글 공동 과학자의 개발 취지와 기본적 동작, 가설 생성과 주요 구성 요소, 연구 계획 구성을 설명한다.

AI와 한의학?

LLM과 과학 연구

과학 연구는 다음과 같이 잘 정의된 일련의 단계로 이뤄진다. 연구자는 먼저 배경지식을 수집하고, 그 지식을 기반으로 가설을 제안하며, 가설을 입증하기 위한 실험을 설계하고 수행한 후, 데이터를 수집 및 분석하고, 마지막으로 동료 평가(Peer Review)를 거치는 논문을 통해 연구 결과를 보고한다. 이러한 순환적인 과정은 현대 과학과 기술에서 획기적인 발전을 이끌어 왔지만, 여전히 연구자의 창의성, 전문성, 제한된 시간과 자원이라는 제약을 받고 있다.

수십 년 동안 과학 공동체는 연구의 생산성을 높이기 위해 연구 과정의 일부를 자동화하려는 노력을 지속해 왔다. 컴퓨터를 활용한 초기 연구는 1970년대까지 거슬러 올라가며, 자동 수학자 같은 시스템을 통해 정리 생성이나 경험적 법칙 식별과 같은 특수한 연구 과제에서 기계가 보조 역할을 할 수 있다는 가능성을 보여 주었다. 최근에는 알파폴드와 오픈폴드(OpenFold) 같은 시스템이 특정 연구 과제를 자동화해, 해당 분야에서 과학적 발전 속도를 수천 배까지 가속하는 데 크게 기여했다. 하지만 다양한 연구 분야 전반에서 포괄적인 인공지능 보조가 현실적인 가능성으로 떠오른 것은 파운데이션 모델의 등장과 LLM(Large Language Model, 대규모 언어 모델)의 폭발적인 발전 덕분이었다.

최근 몇 년간 LLM의 눈부신 발전은 AI의 다양한 분야를 변화시키고 있다. LLM 모델은 인간 언어의 이해, 생성, 상호작용 측면에서 새로운 기준을 제시하고 있다. LLM 모델의 능력은 이제 기존의 자연어 처리 과제를 넘어, 보다 복잡하고 전문적인 도메인 과제에까지 확장되고 있다. 특히 LLM이 방대한 데이터를 처리하고, 인간과 유사한 텍스트를 생성하며, 복잡한 의사 결정을 지원하는 능력은 과학 공동체에서 큰 주목을 받고 있다. LLM은 과학 연구의 수행 방식, 문서화, 평가 방식에 혁신을 가져올 것으로 큰 기대를 받고 있다.

현재 LLM은 다음과 같이 네 단계에 걸쳐 과학 연구 과정 전반에 활용되고 있다.

① 과학적 가설 수립: 축적된 지식과 실험 데이터를 활용해 고유한 과학 아이디어를 제안.

② 실험 계획 및 구현: 실험 설계를 최적화하고, 실험과정을 자동화하며, 실험 데이터를 분석.

③ 과학 문서 작성: 과학 문서 초안 작성, 관련 연구 정리, 인용 문헌 작성.

④ 동료 심사: 논문 심사 자동화 오류 확인 및 일관성 검토를 통한 논문 심사 지원.

구글 공동 과학자의 개발 취지

LLM을 활용한 과학 연구 자동화의 대표적인 사례인 구글 공동 과학자의 개발 취지에 대해 알아보자.

인간의 창의성과 독창성은 과학 분야의 기초 연구 발전을 이끌어 가는 원동력이다. 그러나 특히 생의학 분야의 연구자들은 폭과 깊이의 딜레마에 직면해 있다. 생의학 주제의 복잡성은 점점 더 깊고 구체적인 전문 지식을 요구하는 반면, 획기적인 통찰은 여전히 여러 학문 분야를 넘나드는 폭넓은 지식에서 비롯될 수 있다. 과학 논문의 급격한 증가와 고속 대량 분석(High-Throughput Assay)을 위한 다양한 전문 기술의 등장으로 인해, 분야 특유의 깊이 있는 전문성과 학제 간 통찰을 동시에 갖추는 것은 점점 더 어려운 과제가 되고 있다. 이러한 어려움에도 불구하고, 많은 현대의 혁신은 학제 간 노력에서 탄생했다. 미생물학, 유전학, 분자생물학에 이르는 다양한 기술과 전략을 결합한 크리스퍼(CRISPR, Clustered Regularly Interspaced Short Palindromic Repeats) 연구는 2020년 노벨 화학상을 수상했으며, 특히 제프리 힌턴

(Geoffrey Everest Hinton)과 존 홉필드(John Hopfield)는 물리학과 신경과학의 아이디어를 결합해 AI 기반을 확립한 공로로 2024년 노벨 물리학상을 수상했다.

AI 기술은 일반 지능(General Intelligence)을 지닌 협업 시스템으로 빠르게 발전하면서, 과학자들이 학문 간 경계를 창의적으로 넘나들고 전문적으로 사고할 수 있도록 하고 있다. AI 시스템은 고차원적인 추론 능력, 멀티모달 이해력, 그리고 장기적인 시간 축에서 복잡한 과제를 해결하기 위해 도구를 사용할 수 있는 능력과 같은 에이전트(Agent)적 행동을 갖추고 있다. 또한 디스틸레이션(Distillation)과 추론 시 계산 비용 절감 추세는 이러한 지능적이고 범용적인 AI 시스템이 점점 더 저렴하게 접근 가능해지고 있음을 보여 준다. 과학 분야의 현대적 발견 과정에서 앞서 언급된 미충족 수요를 해결하고자, 첨단 AI 기술의 발전을 바탕으로 AI 공동 과학자 시스템(AI Co-Scientist System)이 개발되었다.

구글 공동 과학자의 핵심 동작

구글 공동 과학자는 제미나이(Gemini) 2.0을 기반으로 한 다중 에이전트 AI 시스템으로, "과학자 중심 협력 모델(Scientist-in-the-Loop Collaborative Paradigm)"을 기반으로 과학적 방법론을 반영하도록 설계되었다. 연구자가 자연어로 연구 목표를 지정하면, 이 시스템은 관련 문헌을 검색하고 논리적으로 분석해 기존 연구를 요약 및 종합한 후, 이를 바탕으로 새롭고 독창적인 연구 가설과 실험 프로토콜을 제안한다. 또 제안의 타당성을 보장하기 위해 관련 문헌을 인용하고, 그 근거를 설명한다.

연구자들은 AI가 생성하는 가설이나 연구 제안에 원하는 특성과 제약 조건을 지정할 수도 있다. 연구자의 아이디어와 가설을 제공하고, AI가 생성한 가설을 직접 수정하거나, 자연어 채팅을 통해 AI의 방향성을 조정하는 등 다양한 방식으로 협업할 수 있다. 테스트 시점 연산 확장(Scaling of Test-Time Compute)을 대폭 활용해, 점진적으로 논리적 사고를 수행하고, 가설을 발전시키며, 점점 더 정교한 결과를 도출한다.

시스템의 핵심 알고리즘은 다음과 같은 과정으로 이뤄진다.

- 자기 대결(self-play) 기반 과학적 토론 과정을 통해 새로운 연구 가설을 생성한다.
- 토너먼트 방식 평가를 통해 가설 간 승패 패턴을 분석해 우수한 가설을 선별한다.

- 가설 진화 과정을 통해 지속적으로 가설의 품질을 향상한다.

또한 자기비판(self-critique) 능력을 갖추고 있어, 웹 검색 등의 도구를 활용해 자체적으로 피드백을 제공하고 가설과 연구 제안을 반복적으로 개선할 수 있다.

가설 생성

구글 공동 과학자는 제일 첫 단계에서 다음과 같은 기본 기준을 준수하는 가설을 생성한다.

- 연구 목표와 부합: 생성된 출력물은 과학자가 정의한 연구 목표, 선호도, 제약 조건과 정확하게 일치해야 한다.
- 타당성: 생성된 연구 결과는 명백한 오류가 없어야 하며, 기존 문헌이나 확립된 지식과의 모순점들은 명확히 언급하고 정당성을 제시해야 한다.
- 참신성: 공동 과학자의 핵심 목표는 기존 정보의 종합이 아니라, 기존 문헌 기반 새로운 가설, 추론, 연구 계획을 생성하는 것이다.
- 검증 가능성: 출력물은 연구자가 명시한 제약 조건으로 실증적 검증해야 한다.

• 안전성: 출력은 해로운 연구를 방지하며, 전하고 윤리적이 되기 위해 제어되어야 한다.

또한 공동 과학자는 추가적인 기준, 선호도, 제약 조건을 설정할 수 있다. 예를 들면, 가독성과 해석 가능성이 향상되도록, 연구자가 선호하는 형식으로 출력을 생성할 수 있다.

공동 과학자의 주요 구성 요소

공동 과학자는 크게 다음의 네 가지 핵심 구성 요소로 이뤄져 있다.

• 자연어 인터페이스: 과학자들은 자연어를 통해 시스템과 상호작용하고 이를 감독한다. 이를 통해 초기 연구 목표를 설정할 수 있을 뿐만 아니라, 언제든지 이를 수정하고, 생성된 가설에 피드백을 제공하며, 시스템의 진행 상황 전반을 이끌어 갈 수 있다.

• 비동기 작업 프레임워크: 공동 과학자는 다중 에이전트 시스템을 활용하며, 이 시스템에서 특화된 에이전트들이 비동기적이고 연속적이며 구성 가능한 작업 실행 프레임워크 내에서 워커 프로세스(Worker Processes)로 작동한다. 감

독(Supervisor) 에이전트가 작업 대기열을 관리하며, 각 작업에 특화된 에이전트에 작업을 배정하고 자원을 할당한다. 이러한 설계는 시스템이 계산 자원을 유연하고 효율적으로 활용하고, 과학적 추론 능력을 반복적으로 향상할 수 있도록 해 준다.

• 특화 에이전트들: 과학적 방법에서 유도된 귀납적 편향(Inductive Bias)과 과학적 선지식을 기반으로, 과학적 추론 및 가설 생성 과정은 여러 하위 작업으로 나뉜다. 각 하위 작업을 수행하도록 설계된 개별 특화 에이전트들은 맞춤형 프롬프트(Instruction Prompt)를 갖추고 있으며, 이들은 감독 에이전트의 조율 아래 작동한다.

• 콘텍스트 메모리(Context Memory): 장기적인 시간에 걸쳐 반복적인 계산과 과학적 추론을 가능하게 하기 위해, 공동 과학자는 에이전트 및 시스템의 상태를 연산 과정 중 저장하고 검색할 수 있는 지속적 콘텍스트 메모리를 사용한다.

연구 목표와 연구 계획의 구성

과학자가 설정한 연구 목표를 분석해 구글 공동 과학자는 연구 제안 생성을 위한 연구 계획을 구성한다. 이 구성에는 연구 제안의 선호 사항, 속성, 제약 조건이 반영

된다. 예를 들어, 공동 과학자가 오직 새로운 가설만 제안해야 하는지를 설정할 수 있으며, 가설의 품질을 평가하는 기준도 정할 수 있다. 이러한 평가 기준은 시스템이 자동 평가 및 개선 단계를 수행할 때 활용된다. 연구 목표에 따라 속성, 선호 사항, 평가 기준을 맞춤 설정할 수도 있다.

연구 계획 구성이 완료되면, 감독 에이전트가 작업 대기열을 생성하고, 특화 에이전트들을 조율하기 시작한다. 주기적으로, 감독 에이전트는 시스템의 상태 및 연구 목표에 대한 진행 상황을 반영하는 요약 통계를 산출한다. 이 통계 정보는 컴퓨팅 리소스 할당 결정과 연구 프로세스가 종료 조건에 도달했는지 판단하는 데 활용된다. 또 시스템의 콘텍스트 메모리에 이러한 상태 정보를 주기적으로 기록해, 이후 반복 연산(Computation Rounds)에서 피드백으로 활용된다. 이 기능은 시스템 일부가 실패했을 경우, 쉽게 재시작할 수 있도록 하는 데에도 유용하다.

참고문헌

Gottweis, J. et al.(2025.2.26). Towards an AI co-scientist, *ArXiv*, https://arxiv.org/abs/2502.18864

Luo, Z. et al.(2025.1.8), LLM4SR: A survey on large language models for scientific research, *ArXiv*, https://arxiv.org/abs/2501.04306

09
구글 공동 과학자의 특화 에이전트들

구글 과학자의 핵심인 여러 특화 에이전트들의 연합과 이들을 조율해 입력된 연구 목표에 맞는 타당하고, 참신하며, 검증 가능한 가설과 연구 계획을 만들어 주는 감독 에이전트에 대해 알아본다.

AI와 화장품?

공동 과학자의 핵심은 감독 에이전트가 조율하는 여러 특화된 에이전트들의 연합이다. 이 에이전트들은 과학적 추론 과정을 모방하도록 설계되어, 새로운 가설과 연구 계획을 생성한다. 또한 API(Application Programming Interface)나 웹 검색 엔진과 특화된 AI 모델 같은 외부 도구들을 통해 상호작용한다. 공동 과학자는 입력된 연구 목표를 받아 연구 계획 구성안을 만든다. 이 계획이 감독 에이전트에게 전달되면, 감독 에이전트는 이를 평가해 각 특화 에이전트에게 가중치와 자원을 할당하고, 이 가중치에 따라 에이전트들을 작업 큐에 워커 프로세스로 등록한다. 워커 프로세스는 에이전트들의 작업 큐를 실행하며, 시스템은 모든 정보를 종합해 세부 가설 및 제안서가 포함된 연구 개요를 과학자에게 제공한다. 특화 에이전트들에 대해 알아보자.

생성 에이전트

다음과 같은 다양한 기법과 도구를 활용해 참신한 가설을 생성한다. 아울러 각각의 생성된 가설을 요약 및 분류해, 과학자가 핵심 아이디어를 파악하도록 한다.

- 웹 검색 기반 문헌 탐색: 반복적 웹 검색으로 관련 연구

논문을 찾아 읽고, 기존 연구 결과를 요약해 추론 기반을 삼는다. 이 요약을 바탕으로 새로운 가설과 연구 계획을 생성한다.

- 모의 과학 토론: 자기비판 및 자기 대결 기법을 활용해 전문가 간의 과학적 토론을 시뮬레이션한다. 이러한 토론은 여러 차례의 대화를 통해 점점 정제된 가설로 수렴된다.
- 반복적 전제 조건 식별: 검증 가능한 중간 전제들을 반복적으로 도출하는데, 중간 전제들이 참으로 입증되면, 새로운 발견으로 이어진다. 타당할 듯한 전제와 하위 전제들은 조건부 추론 과정을 통해 식별되며, 이후 하나의 완성된 가설로 통합된다.
- 연구 확장: 가설 공간 내에서 탐색되지 않은 영역을 발견하기 위해, 에이전트는 기존 가설과 이전 반복에서 메타 리뷰 에이전트에 의해 생성된 연구 개요 및 피드백을 검토한다. 이를 바탕으로 연구 가설 공간에서 새로운 탐색 방향을 정한다.

반영 에이전트

반영 에이전트가 수행하는 리뷰는 새로운 제안의 효과적 생성에 필수적이다. 반영 에이전트는 웹 검색이나 과학자가 제공한 전용 저장소를 통해 관련 연구를 탐색하고, 주어진 가설에 대한 기존 실험 증거를 평가하며, 생성된 출력물의 참신성, 정확성, 품질을 엄격하게 검증한다. 효과적인 리뷰는 부정확하거나 참신하지 않은 가설을 걸러내며, 다른 에이전트들에게 피드백을 제공해 지속적인 개선이 되도록 한다. 반영 에이전트는 다음과 같은 유형의 리뷰를 수행한다. 또한 공동 과학자는 전문가의 리뷰를 통합해 순위 매기기와 개선을 유도할 수 있다.

- 초기 리뷰: 기본 평가 기준을 바탕으로, 생성된 가설의 정확성, 품질, 참신성, 안전성(윤리성)에 대한 초기 리뷰를 수행한다. 이 초기 리뷰는 외부 도구(예: 웹 검색)를 사용하지 않고, 결함 있거나 참신하지 않거나 적합하지 않은 가설을 신속히 제거한다.
- 전체 리뷰: 가설이 초기 리뷰를 통과하면, 반영 에이전트는 보다 정교한 추론과 근거를 제공하기 위해 외부 도구와 웹 검색을 활용해 관련 문헌을 찾아 전체 리뷰를 만든다. 이때, 문헌 검색을 전면적으로 활용해 초기 리뷰처럼 정확성, 품질, 참신성을 평가한다. 정확성과 품질 측면에서 가설의 기저 가정과 추론을 면밀히 검토하며, 참신성 측면에서 가설의 알려진 부분을 요약하고, 기존 문헌을 바탕으로 신규성을 판단한다.

• 심층 검증 리뷰: 가설을 구성하는 주요 가정들로 분해하고, 각 가정은 다시 하위 가정으로 세분화되며, 문맥에서 분리된 상태로 독립적으로 평가된다. 이후 필터링을 위한 무효화 요소를 식별해 낸다. 동시에, 잘못된 가정으로 인해 가설이 무효화될 수 있는 이유도 요약된다. 이러한 심층 검증은 복잡한 가설 속에 숨겨진 미묘한 오류들—예를 들어 추론의 결함이나 부정확한 실험 절차—의 탐지를 도와준다. 발견된 오류가 반드시 가설의 핵심을 무효화하는 것은 아니며, 반영 에이전트는 그 부정확한 가정이 가설에 근본적인지를 평가한 뒤, 그에 대한 판단 근거를 리뷰에 반영한다. 근본적이지 않은 오류는 이후의 정제 단계에서 수정이 가능하다.

• 관찰 기반 리뷰: 가설이 과거 실험 결과에서의 희귀한 관찰을 설명할 수 있는지 탐색한다. 이 리뷰는 가설이 기존 연구결과나 관련 문헌에서 관찰된 현상에 대한 새로운 통찰을 제공하는 것을 목표로 한다. 각 관찰에 대해, 가설이 기존 설명보다 우수한지(가설이 참이라고 가정한 상태에서)를 평가하고, 긍정적인 결과는 요약되어 가설에 덧붙여진다. 유의미한 결과가 없을 수도 있다.

• 시뮬레이션 리뷰: 가설을 단계적으로 시뮬레이션해 (예: 작용 메커니즘이나 제안된 실험) 가설을 검토한다. 또 실패

시나리오를 식별하고 요약한다. 이 방식은 첨단 LLM이 내부 세계 모델을 갖춰 다양한 과학 현상을 시뮬레이션으로 정교하게 예측할 수 있다는 가정에 기반한다.

- 반복/토너먼트 리뷰: 공동 과학자의 축적된 지식을 전체 리뷰에 지속적으로 반영한다. 리뷰된 가설과 순위 에이전트의 결과를 분석해 반복되는 문제나 개선 기회를 식별하고 리뷰를 정제한다.

순위 에이전트

연구 목표에 맞는 수많은 가설과 연구 제안을 탐색해, 이 중 가장 유망한 후보에 계산 자원을 우선 할당하기 위해 순위 메커니즘이 필요하다. 순위 에이전트가 이를 담당하는데, 엘로(Elo) 기반 토너먼트 방식을 사용해 모든 가설을 자동으로 평가하고 순위를 매기며, 이에 대한 합리적 근거도 제공한다. 연구 목표에 부합하는 가설과 제안들의 순위 목록은 과학자에게 정렬되어 전달된다. 엘로는 그 한계점에도 불구하고, 상대적 순위를 평가하는 데 여전히 좋은 지표로 사용되고 있다. 새로 추가된 가설은 초기 점수로 설정된다.

토너먼트는 계산이 집중되는 작업이기에, 순위 에이전트는 여러 최적화 전략을 적용한다. 상위권 가설은 다회전 과학적 토론을 통해 쌍으로 비교되며, 이 과정은 정렬 편향을 줄이고 참신성, 정확성, 검증 가능성에 초점을 맞춘다. 하위권 가설은 단일 회전으로 쌍 비교가 된다. 에이전트는 어느 가설이 더 우수한지에 대한 결정을 내린다.

순위 에이전트는 다음 기준에 따라 토너먼트 대진의 우선순위를 정해 진행한다. 성공적인 가설은 빠르게 높은 순위를 획득하며, 이는 이후의 토너먼트 상태에 영향을 준다.

① 근접도 에이전트의 그래프를 기반으로, 서로 유사한 가설들끼리 비교될 가능성이 높다.

② 최근 추가된 가설과 상위권 가설은 토너먼트 매치에 우선적으로 포함된다.

근접도 에이전트

연구 목표를 고려해 연구 가설 및 제안들 간의 유사도를 계산하고, 근접도 그래프를 만든다. 직접적으로 가설 생성에 관여하지 않지만, 순위 에이전트가 토너먼트 매치를 구성하고 연구 목표와 관련된 다양한 아이디어를 제시하는 것을 보조한다. 이를 통해 과학자들은 관심 있는 영역을 빠르게 탐색하고, 연관된 개념을 쉽게 파악할 수 있다.

진화 에이전트

다음과 같은 방식을 활용해 기존 가설과 제안을 지속적으로 정제하고 개선한다.

- 근거 기반 향상(강화): 가설의 약점을 식별하고, 검색 쿼리 생성, 관련 문서 검색 및 독해, 제안 개선, 그리고 추론의 공백을 메우기 위한 세부 설명을 통해 가설 개선을 시도한다.
- 일관성, 실용성, 실행 가능성 향상: 문제점 해결을 목표로 더 일관성 있는 가설을 생성하며, 잘못된 초기 가정으로 인한 근본적인 문제를 걸러낼 수 있다. 또한 가설을 보다 실용적이고 실행 가능한 형태로 정제한다.
- 기존 가설로부터의 영감: 여러 상위 순위 가설로부터 영감을 받아 새 가설을 생성한다.
- 조합: 상위 가설의 우수한 요소를 직접 결합해 새로운 가설을 만든다.
- 단순화: 가설을 보다 쉽게 검증하고 테스트할 수 있도록 단순화한다.

• 창의적 사고: 가설의 부분 집합을 벗어난 발산적 아이디어 생성으로 파격적 아이디어를 탐구한다.

진화 에이전트는 기존 가설을 수정하거나 교체하지 않고 새로운 가설을 생성한다. 이 전략은 상위 순위 가설이 잘못된 개선으로 품질이 저하되는 것을 방지하며, 새로운 가설은 토너먼트를 통해 경쟁한다. 이처럼 연구 가설과 제안의 진화 과정은 공동 과학자가 다양한 개선 기법을 반복적으로 조합하고, 결과물의 품질을 점진적으로 향상하게 한다.

메타 리뷰 에이전트

메타 리뷰 에이전트는 피드백 루프에서 결정적인 역할을 해, 과학적 추론에서의 자기 개선을 가능하게 한다. 이 에이전트는 토너먼트 상태를 기반으로 작동하며, 토너먼트 매치에서 이뤄진 리뷰 및 과학적 토론에서 발견된 공통된 패턴을 요약해 메타 리뷰 비평을 생성한다.

모든 리뷰에서 얻은 통찰을 종합한 메타 리뷰는 반영 에이전트에 피드백을 제공해, 향후 리뷰를 더 철저하고 신뢰성 있게 개선하도록 한다. 이를 통해 중요한 세부 사항이 간과되는 것을 방지할 수 있다. 메타 리뷰의 반복적 문제 식별에 의해 가설 및 연구 제안 생성도 향상된다. 생성 에이전트는 이 피드백을 리뷰 비평에 대한 과도한 최적화를 피하기 위해 선별적으로 사용하는 반면에, 메타 리뷰는 자주 반복되는 문제의 재발을 예방하게 해 준다.

- 연구 개요 생성: 메타 리뷰 에이전트는 주기적으로 상위 순위 가설들을 종합해 연구 개요를 생성하며, 이는 향후 연구를 위한 로드맵 역할을 한다. 이 개요는 연구 목표와 관련된 잠재적인 연구 영역 및 방향성을 제시하고, 그 중요성을 정당화하며, 각 영역별로 구체적인 실험도 제안한다. 각 영역에는 예시 주제가 함께 제시된다. 연구 개요는 이후 반복 과정에서 생성 에이전트에 추가 입력 요소로도 활용된다. 연구 개요는 공동 과학자 시스템 내에서 연구 목표와 관련해 현재 지식의 경계를 시각화하고, 향후 탐색이 필요한 영역을 조명하는 데 기여한다. 또한 메타 리뷰 에이전트는 이 연구 개요를 제약 기반 디코딩 기법을 통해 연구 보고서 및 과제 제안서 양식에 맞춰 포매팅할 수 있다.
- 연구자 추천: 이전 문헌 리뷰를 바탕으로, 연구 가설 및 제안에 대해 검토할 수 있는 적합한 분야 전문가들을 제안한다. 각 추천에는 선정 이유가 포함되며, 해당 전문가 정보

는 연구 개요에 요약되어 연구자에게 부가적인 관점과 가능한 협업 수단을 마련해 준다.

감독 에이전트

감독 에이전트는 특화 에이전트들을 조율해 입력된 연구 목표에 맞는 타당하고, 참신하며, 검증 가능한 가설과 연구 계획을 만들어 준다. 생성 에이전트는 연구 목표에 부합하는 초기 가설 목록을 생성한다. 이 가설들은 "반영 에이전트"의 검토를 거쳐, 순위 에이전트의 토너먼트 평가를 받는다. 진화, 근접도, 메타 리뷰 에이전트들은 토너먼트 상태를 기반으로 시스템 출력을 향상한다.

감독 에이전트는 주기적으로 콘텍스트 메모리에 종합적인 통계 정보—생성된 가설 수, 리뷰가 필요한 가설 수, 토너먼트의 진행 상태, 다양한 가설 생성 방법론의 효과 분석 관련—를 기록한다. 이러한 통계 정보를 바탕으로 감독 에이전트는 이후 시스템 동작—즉, 새로운 가설 생성, 리뷰, 토너먼트, 기존 가설 개선 등—을 워커 프로세스를 통해 특화 에이전트들을 전략적으로 선택하고, 가중치를 부여하는 형태로 조율한다.

참고문헌

Gottweis, J. et al.(2025.2.28). Towards an AI co-scientist. *ArXiv*, https://arxiv.org/abs/2502.18864

Luo, Z. et al.(2025.1.8). LLM4SR: A survey on large language models for scientific research. *ArXiv*, https://arxiv.org/abs/2501.04306

10
구글 공동 과학자의 한계와 과제

새로운 지식 발견, 가설 생성, 실험 계획을 수립하는 공동 과학자의 한계점을 알아본다. 또한 안전성과 윤리적 고려 사항도 살펴보고, 마지막으로 공동 과학자의 평가 지표와 기능 확장을 위한 향후 과제를 알아본다.

종교와 AI?

구글 공동 과학자는 가설 생성 과정에서 생성(Generation), 토론(Debate), 진화(Evolution)라는 과학적 방법론을 반영한 AI 시스템이다. 또한 새로운 지식 발견과 실험 계획 수립을 지원하는 기능도 있다. 특히 과학적 토론 및 토너먼트 기반 진화 프로세스를 수행하는 자기 대결 전략을 활용해 가설 및 연구 제안을 반복적으로 개선하는 자기 향상 루프(Self-Improving Loop)를 형성한다. 공동 과학자는 과학자들과의 협력을 염두에 두고 설계되었으며, 자연어 기반의 대화형 피드백을 유연하게 반영할 수 있다. 이를 통해 연구자들과 공동 개발(Co-Development), 진화, 정제(Refinement) 등의 과정을 수행한다. 15개의 복잡한 과학적 목표를 대상으로 고품질 가설을 생성하는 것도 입증되었지만, 구글 공동 과학자의 한계점, 안전성과 윤리적 고려 사항, 향후 과제가 존재한다. 이에 대해 개발자가 제시한 내용을 알아보자.

한계점

공동 과학자의 한계점은 다음과 같다.

문헌 검색, 검토 및 추론의 한계

공동 과학자의 리뷰는 라이선스나 접근 제한 준수로 전체

출판 문헌에 접근하지 않고 오픈 액세스(Open Access) 문헌에 의존하기 때문에 중요한 선행 연구를 놓칠 수 있다. 또한 시스템이 특정 연구를 관련성이 없다고 잘못 추론하는 경우도 있다.

부정적인 결과 데이터에 대한 접근 부족

공개된 문헌만을 사용하므로, 부정적인 실험 결과나 실패한 실험 기록에 대한 접근은 상당히 제한적이다. 부정적 데이터는 덜 출판되는 경향이 있지만, 해당 분야의 숙련된 과학자들은 이를 바탕으로 연구 우선순위를 정하는 경우가 많다. 이를 극복하면 공동 과학자의 성능은 더욱 향상될 것이다.

멀티모달 추론 및 도구 활용 능력의 향상 필요

과학 논문에서 가장 흥미로운 데이터는 텍스트가 아닌 그림이나 차트 같은 시각 자료일 수 있다. 최첨단 모델조차도 이러한 데이터를 최적의 방식으로 활용하지 못하는 경우가 많으며, 공동 과학자 시스템도 예외는 아니다. 특화된 과학 도구, AI 모델, 데이터베이스와의 통합 및 효과적인 활용 능력을 향상하기 위한 추가 연구가 필요하다.

최신 LLM의 한계 계승

LLM(Large Language Model, 대규모 언어 모델)이 지닌 사실 오류나 환각의 영향을 받는다. LLM과 웹 검색으로 폭넓은 지식에 접근하지만, 해당 자원의 오류, 편향, 한계가 전파된다.

더 나은 평가 기준과 광범위한 평가의 필요성

공동 과학자의 평가는 AI 자동 평점, 전문가 리뷰, 특정 실험(in vitro) 검증을 포함하고 있지만, 다양한 생의학 및 과학 분야에 걸친 포괄적이고 체계적인 평가로 시스템의 일반화 가능성을 확인할 수 있다. 또한 고품질 출판 수준의 엄격함과 세부 사항을 충족하도록 개선이 필요하다. 시스템의 자체 개선에 활용된 엘로 평점보다 더 객관적이고 전문가의 관점을 반영하는 평가 지표가 필요하다.

검정(Validation)의 한계

현재 공동 과학자는 주로 잠재적인 치료 표적 및 작용 기전을 식별하는 데 초점을 맞추었으며, 약물 전달 시스템의 복잡성은 다루지 않는다. 제약학적 요소는 임상 적용에 매우 중요하지만, 현재 시스템의 범위를 넘어서는 요소다.

안전성과 윤리적 고려 사항

AI 시스템이 과학적 발견을 가속화하지만, 과학적 방법론에 대한 영향과는 별개로 안전과 윤리 관련 중요한 과제가 있다. 안전성 측면에서는 이중 용도 가능성과 과학적 성과의 악용이 우려되며, 윤리적 측면에서는 특정 과학 분야에서 확립된 윤리 기준을 위반할 수 있다. 이를 다음과 같이 정리했다.

첨단 AI 기반 과학 연구를 위한 윤리, 정책, 규제의 발전

연구 윤리는 과학 활동의 핵심 요소로, 주된 목표는 사회적으로 긍정적인 영향을 줄 수 있는 연구를 유도하는 것이지만, 동시에 이중 용도 가능 지식에 대한 우려도 여전하다. 기본적인 윤리 원칙은 신흥 규제와 조직 내 윤리 검토 과정을 통해 점차적으로 보완되고 있다. 이러한 검토는 연구 제안이 윤리 강령을 따르고 있는지, 현재와 미래의 위험이 무엇인지 평가하는 역할을 한다. 자율적 에이전트 AI의 등장으로 인해 과학 및 AI 윤리 정책 역시 변화하고 있다. 이는 변화하는 연구 환경과 AI 에이전트의 위험 요소를 다루기 위해 필수적이다. 공동 과학자처럼 발전된 시스템은 기존의 제한적 AI 모델을 위한 윤리 기준을 넘어서는 새로운 접근이 필요하다. 최근에는 사용자 의도, 도메인, 사회적 영향에 따라 LLM 기반 AI가 과학에 미치는 위험을 구조화하려는 프레임워크도 등장하고 있다.

이중 용도 위험과 기술적 안전장치

설득, 기만, 사이버 보안, 자기 확장, 자기 추론 같은 AI 에이전트의 위험한 능력을 평가하는 폭넓은 프레임워크가 개발되고 있으며, 이러한 능력에 대한 평가도 과학 안전성 평가에 통합되어야 한다. 장기적으로는 AI 에이전트가 자체 목표를 가지게 되면서 연구 방향에 영향을 줄 수 있고, 인간이 AI의 조작에 쉽게 노출된다는 점에서 명확한 명령 수행과 가치 정렬 프레임워크가 필수적이다. 단기적으로, 비윤리적인 연구 질의, 악의적인 사용자 의도, 그리고 위험하거나 이중 용도로 사용될 수 있는 지식을 추출할 가능성에 대응하는 기술적 안전장치가 필요하다. 고도화된 LLM을 '비평(critic)' 또는 '심판(judge)'으로 활용해 사용자 질의를 평가하는 것과 AI 출력을 감독 메커니즘으로 활용하는 연구가 활발히 진행되고 있다. 하지만 전문적인 분야에서 LLM의 판단이 전문가의 판단과 일치하지 않을 수 있기에 사람의 개입이 필수적이다.

과학 AI 시스템의 적대적 공격 대응력

적대적 공격에 대한 대비는 기반 모델과 AI 어시스턴트 개발에 매우 중요하다. 지금까지 수작업 진행 레드팀 방식이 여러 취약점을 밝혀냈지만, 최근 그리디(Greedy) 기법, 그래디언트 기반 기법, 진화 알고리즘 등 자동화된 방법으로 프롬프트 접미어를 최적화해 안전장치를 우회하는 기술이 개발되고 있다. 공격은 또한 소수 예시(Few-Shot), 문맥 내 학습, 멀티모달 입력을 활용하고 있으며, LLM이 다른 LLM에 대한 공격을 생성하고 정교화하는 데 여러 단계를 거치는 반복적 형태로 진행될 수 있다. 이러한 공격에 대응하기 위한 방어 기법들도 함께 개발되고 있으며, 이는 특히 에이전트 AI가 점점 더 보편화될 미래에 더욱 중요하다. 기반 모델에 대한 사후 학습이 발전하면서 전반적인 적대적 견고성은 향상될 것으로 기대된다. 하지만 특정 도메인에서의 악의적 사용을 탐지하고 대응하는 능력은 여전히 과학 분야에 특화된 AI 어시스턴트에 맞는 별도의 개발 및 통합이 필요하다. 또한 질의 해석, 가설 생성, 내부 사고, 평가, 사용자 질의 처리 등과 같이 반복적 추론을 수행하는 AI 시스템의 경우, 각 구성 요소들은 독립적으로 검증되어야 한다. 이러한 포괄적인 검증은 위험한 질의를 어떻게 처리하는지, 중간 단계와 최종 결과에서 얻어지는 가설의 안전성, 그리고 내부 점검 및 필터링 기능의 정확성 등과 같은 모든 잠재적인 실패 가능성을 고려해야 한다.

무엇보다 중요한 점은 공동 과학자가 전문가의 지속적인 감독하에 작동하도록 설계되었으며, 최종 결정은 과학자의 전문적 판단에 따른다는 것이다. 공동 과학자는 위험 완화를 위해 다음과 같은 안전 메커니즘을 사용한다.

- 공개 LLM 사용: 폭넓은 안전성 평가와 보호 장치를 갖춘 제미나이 2.0 모델을 사용.
- 초기 연구 목표에 대한 안전성 검토: 입력된 연구 목표의 자동 안전성 평가 및 거부 기능.
- 연구 가설에 대한 안전성 검토: 연구 목표가 안전하더라도 별도 가설 안전성 검토 진행 및 위험 가설의 토너먼트 제외. 이는 사용자에게도 제공되지 않음.
- 연구 방향에 대한 지속적인 모니터링: 메타 리뷰 에이전

트의 연구 방향 종합적 검토로 공동 과학자의 잠재적인 안전 문제 지속 감시 및 위험성 감지 시 사용자에게 경고.

- 설명 가능성과 투명성: 모든 시스템 구성 요소의 최종 판단 및 판단의 상세한 추론 과정 제공으로, 판단에 대한 정당성과 감사 실시.
- 포괄적인 로그 기록: 모든 시스템 활동이 향후 분석과 감사에 활용될 수 있도록 저장.
- 안전성 평가 및 레드 팀 테스트: 현재 구현된 위험 연구 목표 탐지 기능의 견고성과 정확성을 검증하기 위한 초기 레드 팀 평가 진행.
- 신뢰할 수 있는 테스터 프로그램: 공동 과학자 시스템의 강점과 한계를 보다 엄격히 이해하기 위해, 실제 시스템 사용 연구자들에게 접근 권한을 제공하고, 실사용 기반의 피드백을 수집할 수 있는 '신뢰할 수 있는 테스터 프로그램' 운영 예정.

향후 과제

공동 과학자의 핵심 과제는 보다 객관적인 평가 지표를 개발하는 것으로, 여기에 자동화된 문헌 기반 검증 및 시뮬레이션 실험을 포함하는 방안도 고려될 수 있다. 기본 LLM에서 유래한 편향이나 오류 패턴을 완화하는 방법

역시 중요하며, 다양한 에이전트 구성 요소 간의 상호 보완성과 최적의 조합에 대한 분석도 필요하다. 또한 다양한 연구 목표를 가진 더 많은 분야별 전문가들이 참여하는 대규모 평가가 절실하다. 질병 기전부터 단백질 설계에 이르기까지, 나아가 다른 과학 분야로 확장해 시스템을 모든 해상도 수준에서 스트레스 테스트함으로써 개선이 필요한 영역을 더 많이 밝혀낼 수 있다. 마지막으로, 실험실 자원이 제한적인 상황에서, 향상된 평가 프레임워크는 가설 선택 과정에 도움이 될 수 있다.

공동 과학자의 기능을 확장하는 과제도 여전히 남아 있다. 강화 학습은 가설 순위 매기기, 제안 생성, 진화적 정제 과정을 향상하는 데 활용될 수 있다. 현재 시스템은 오픈 액세스 출판물의 텍스트만 평가하고 있으며, 이미지, 데이터세트, 주요 공개 데이터베이스는 활용하지 않고 있다. 이러한 공개 자원들을 통합하면 공동 과학자가 가설을 생성하고 정당화하는 능력이 크게 향상될 것이다.

다단계 실험이나 조건부 논리를 포함하는 복잡한 실험 설계를 다루는 향후 연구도 필요하다. 공동 과학자를 실험실 자동화 시스템과 통합하면, 검증을 위한 폐쇄 루프를 형성하고 반복적 개선을 위한 실질적인 기반을 마련할 수 있을 것이다. 또한 자유 형식의 텍스트를 넘어, 사용자 피드백과 통찰을 구조화된 방식으로 제공할 수 있는 사용자 인터페이스를 탐구하는 것은 이 패러다임에서 인간과 AI 간 협업의 효율성을 향상할 것이다.

참고문헌

Gottweis, J. et al.(2025.2.28). Towards an AI co-scientist. *ArXiv*, https://arxiv.org/abs/2502.18864

Luo, Z. et al.(2025.1.8). LLM4SR: A survey on large language models for scientific research. *ArXiv*, https://arxiv.org/abs/2501.04306

오상훈

목원대학교 AI응용학과 교수다. 카이스트(KAIST) 전기 및 전자공학과에서 머신 러닝 연구로 공학박사 학위를 받았다. LG반도체 근무 후(1988~1989), 한국전자통신연구원 기초기술연구부와 이동통신기술연구단에서 신경 회로망의 학습 알고리즘과 성능 분석을 연구했다(1990~1998). 일본 이화학연구소 산하의 뇌과학종합연구소(BSI, Brain Science Institute)에서 독립성분분석과 암묵신호 분리를 연구했고(2000), 카이스트 뇌과학연구센터에서 뇌공학 연구를 했으며(1999, 2001), 미국 조지아공과대학교에서 단백질 구조 예측과 데이터 불균형 문제를 연구했다(2008~2009). AI프렌즈학회 감사, 한국콘텐츠학회 부회장으로 활동하고 있다. 주요 저서로 《인공지능: 수학적 이해에서 알고리즘까지》(2025) 등이 있다. 머신 러닝 분야에서 "Unsupervised multi-sense language models for natural language processing tasks"(2021) 등 100편 이상의 논문을 SCI, SCOPUS, KCI 등 등재 학술지에 등재하거나 국제학술 대회에서 발표했다.